Die Bierverkäufer von Barcelona

Reviewed Research. Auf den Punkt gebracht.

Springer VS Results richtet sich an AutorInnen, die ihre fachliche Expertise in konzentrierter Form präsentieren möchten. Externe Begutachtungsverfahren sichern die Qualität. Die kompakte Darstellung auf maximal 120 Seiten bringt ausgezeichnete Forschungsergebnisse „auf den Punkt".
Springer VS Results ist als Teilprogramm des Bereichs Springer VS Research besonders auch für die digitale Nutzung von Wissen konzipiert. Zielgruppe sind (Nachwuchs-)WissenschaftlerInnen, Fach- und Führungskräfte.

Yannick Zapf

Die Bierverkäufer von Barcelona

Irreguläre Immigranten im Spannungsfeld zwischen Verfolgung und Existenzsicherung

Yannick Zapf
KIT (Karlsruher Institut für Technolgie)
Deutschland

ISBN 978-3-658-01975-4   ISBN 978-3-658-01976-1 (eBook)
DOI 10.1007/978-3-658-01976-1

Die Deutsche Nationalbibliothek verzeichnet diese Publikation in der Deutschen Nationalbibliografie; detaillierte bibliografische Daten sind im Internet über http://dnb.d-nb.de abrufbar.

Springer VS
© Springer Fachmedien Wiesbaden 2013
Das Werk einschließlich aller seiner Teile ist urheberrechtlich geschützt. Jede Verwertung, die nicht ausdrücklich vom Urheberrechtsgesetz zugelassen ist, bedarf der vorherigen Zustimmung des Verlags. Das gilt insbesondere für Vervielfältigungen, Bearbeitungen, Übersetzungen, Mikroverfilmungen und die Einspeicherung und Verarbeitung in elektronischen Systemen.

Die Wiedergabe von Gebrauchsnamen, Handelsnamen, Warenbezeichnungen usw. in diesem Werk berechtigt auch ohne besondere Kennzeichnung nicht zu der Annahme, dass solche Namen im Sinne der Warenzeichen- und Markenschutz-Gesetzgebung als frei zu betrachten wären und daher von jedermann benutzt werden dürften.

Gedruckt auf säurefreiem und chlorfrei gebleichtem Papier

Springer VS ist eine Marke von Springer DE. Springer DE ist Teil der Fachverlagsgruppe Springer Science+Business Media.
www.springer-vs.de

Danksagung

„Nicht alle Finger an einer Hand sind gleich: kurz, lang, lang, lang, kurz. So ist es auch mit dem Charakter der Menschen, egal woher sie kommen, egal an was sie glauben." (Sprichwort von Pakistanern wie Indern).

An erster Stelle möchte ich mich bei den Bierverkäufern bedanken, die ich in meiner Zeit in Barcelona kennenlernen durfte. Ich habe viel von ihnen gelernt und bin nachhaltig beeindruckt von ihrem Lebensmut in einer so schwierigen Lage. Ihr wart viel mehr als ein ‚Untersuchungsgegenstand' oder ‚Personen im Feld' für mich. Zu ganz besonderem Dank bin ich außerdem Gisela und Steve verpflichtet, die mir die ersten Kontakte ermöglichten. Ohne euch wäre die Arbeit nicht möglich gewesen. Desweitern danke ich Catherine, Cristina und Vanessa für die mir im Gespräch vermittelten Kontakte und Hintergrundinformationen. Zu Dank verpflichtet bin ich außerdem Niko und Alfredo. Danke auch meinen Mitbewohnern Fiko und Cristina fürs Zuhören und Mut machen. Carlota Solé, Leonardo Cavalcanti und Hugo Valenzuela von der Universitat Autònoma de Barcelona unterstützen mich von akademischer Seite. Vielen Dank auch an Javed und Naqash von der ATP, die mir offenherzig aus erster Hand vom Leben der Pakistaner in Barcelona berichteten, und an Bea, die mir das Straßenleben in Barcelona ein gutes Stück näherbrachte. Zuletzt ein großer Dank an meine Korrekturleser und alle, die mich in meinem Projekt bestärkt haben - und an die Kritiker, die mir den Aufklärungsbedarf zum Phänomen Bierverkauf in Barcelona vor Augen führten.

Yannick Zapf

http://estaticos.20minutos.es/img2/recortes/2012/07/01/67604-600-400.jpg, 03.07.2012

Abstract

Die vorliegende Arbeit gibt einen Einblick in den Straßenhandel der Stadt Barcelona. Der Forschungsstand auf dem Gebiet der irregulären Einwanderung, des informellen Sektors und einiger angrenzender Themen wird aufbereitet. Ausgehend hiervon soll anhand einer empirischen Studie folgende Forschungsfrage geklärt werden: Was sind die ursächlichen Bedingungen für die Existenz des ambulanten Bierverkaufs in Barcelona, wie und durch wen wird er ausgeführt und welche Konsequenzen ergeben sich für die Beteiligten aus seinem Bestehen? Aufgrund der dünnen Datenlage zum Thema wurde der Studie ein exploratives Design zu Grunde gelegt. Das gebräuchliche Methodenarsenal der Wirtschaftswissenschaften bietet zur Erforschung von schwer zugänglichen Märkten keine adäquaten Möglichkeiten zur Datenerhebung, und man wäre als Forscher damit nicht in der Lage, eine fundierte Aussage über den barcelonesischen Schattenmarkt des Dosenbierverkaufs ohne Genehmigung zu treffen. Die Erhebung wirtschaftlicher wie soziologischer Daten wurde daher im Stile einer ‚Multi-Sited Ethnography' durchgeführt.

Die Betrachtung der staatlichen Organe, der (potenziellen) Kunden und der Konkurrenz macht deutlich, dass der Markt eine ökonomische wie sozialpolitische Bedeutung erlangt hat, die zur Ergreifung von polizeilichen Gegenmaßnahmen geführt und die Wahrnehmung des Phänomens durch Touristen und Stadtbevölkerung stark polarisiert hat. Die ergriffenen Gegenmaßnahmen bleiben jedoch weitgehend wirkungslos, was einerseits mit dem Fehlen von Erwerbsalternativen für die ‚doppelt illegalen' Verkäufer und andererseits mit der behördlichen Ineffizienz zu erklären ist. Ein Verständnis für diesen Zusammenhang will diese Studie erstmals im Rahmen des Bierverkaufs in Barcelona herstellen.

Anhand der vorgefundenen Marktstruktur wird der ambulante Bierverkauf mit der Branchenstrukturanalyse aufgeschlüsselt. Dieses Modell der Industrieökonomik kann jedoch die Existenz und die Ausprägung dieser Art von Marktform nicht in befriedigender Weise erklären. Daher wird die Analyse nachfolgend um die Sichtweise der Neuen Institutionenökonomik ergänzt. Dieser Ansatz zeigt abschließend, dass eine ökonomische Interpretation ethnographisch erhobener Daten im Falle von Sektoren, für die keine offiziellen Statistiken vorliegen und bei denen die bekannten Randbedingungen nicht zu einer Modellbildung vorab ausreichen, zu einem interdisziplinären Erkenntnisgewinn führen kann.

Inhalt

Abstract 7
1　Einleitung 11
　　1.1　Außenansicht des Straßenhandels 11
　　1.2　Persönliches Vorwissen und Beweggründe 13
　　1.3　Forschungsfragen 16
2　Forschungsstand 19
　　2.1　Immigration 20
　　　　2.1.1 Irreguläre Immigranten in der EU und in Spanien 20
　　　　2.1.2 Pakistanische und indische Immigranten in Spanien und Barcelona .. 24
　　2.2　Ökonomischer Aspekt 28
　　　　2.2.1 Der informelle urbane Sektor 29
　　　　2.2.2 Der unternehmerische Immigrant in Spanien 32
　　2.3　Vergleichbare Studien 34
　　　　2.3.1 Englischsprachiger Raum 35
　　　　2.3.2 Deutschsprachiger Raum 36
　　　　2.3.3 Spanischsprachiger Raum 38
　　2.4　Forschungslücke – Warum Ethnographie? 40
3　Durchführung der Studie 43
　　3.1　Stationen des Feldzugangs 43
　　　　3.1.1 Pretest Werderplatz 44
　　　　3.1.2 Erste Schritte in Barcelona 45
　　　　3.1.3 Herausbildung der Schauplätze 46
　　　　3.1.4 Promoter-Job Ramblas 48
　　　　3.1.5 Vertiefung und Erweiterung – ‚Feldforschung 2.0' 49
　　3.2　Methodisches Vorgehen 50
　　　　3.2.1 Methodenübersicht und Aufzeichnungsmethoden 51
　　　　3.2.2 Aufbereitung und Auswertung der Daten 53
　　3.3　Methodologische Reflexion 55
　　　　3.3.1 Persönliche Entwicklung als Feldforscher 55
　　　　3.3.2 Ethische Reflexion 58
　　　　3.3.3 Gütekriterienbetrachtung – Triangulation 60
4　Ergebnisse der Feldstudie 63
　　4.1　Fallbeispiele Bierverkäufer 63
　　　　4.1.1 Platz 1 – „Todo compra jefe" 64

  4.1.2 Platz 2 – „Living same, working same, eating same" 66
  4.1.3 Hafen – „Zur Zeit ist es kalt, da halte ich es nicht so lange draußen aus" 69
  4.1.4 Ramblas – „Pero ahora muy fatal. Porque ahora mucha crisis" 72
 4.2 Fazit über die Bierverkäufer 75
  4.2.1 Migratorischer Hintergrund 76
  4.2.2 Die Sozialstruktur der Bierverkäufer 77
  4.2.3 Die ökonomische Seite des Bierverkaufs 80
5 Wirtschaftswissenschaftliche Analyse 84
 5.1 Der Markt des ambulanten Dosenbierverkaufs in der Branchenstrukturanalyse 85
  5.1.1 Potenzielle Mitbewerber 86
  5.1.2 Zulieferer 88
  5.1.3 Kunden 89
  5.1.4 Ersatzprodukte 91
  5.1.5 Rivalität unter den Mitbewerbern 93
  5.1.6 Reaktionen auf Verschärfung der Rahmenbedingungen 95
 5.2 Erklärung aus Sicht der Neuen Institutionenökonomik 97
  5.2.1 Theorie der Neuen Institutionenökonomik 98
  5.2.2 Formlose Beschränkungen durch soziale Netzwerke 98
  5.2.3 Formelle Beschränkungen auf nationaler Ebene 100
  5.2.4 Formelle Beschränkungen auf lokaler Ebene 104
6 Einordnung und Anknüpfungspunkte 108
 6.1 ‚Buscarse la vida' – Determinanten des Unternehmertums aus Notwendigkeit 109
 6.2 Kritik des Umgangs mit dem informellen urbanen Sektor 111
Literaturverzeichnis 114

Anhang unter www.springer.com auf der Produktseite dieses Buches:

Abbildung: Übersicht Fallstudien Bierverkäufer (Autor) 122
1 Leitfäden 123
2 Transkripte 133
3 Auswahl an Feldnotizen 195
4 Kodierungsbeispiel (Beobachtungen Promoter-Job) 209
5 Kundenbefragung 213
6 Verteilung der Bierverkäufer 217
7 Zahlenmaterial Estrella Damm 221
8 Lebenslauf Udam 222
9 Strafzettel Pakistaner 223
10 Weiteres Bildmaterial 227
11 Pretest Werderplatz 228

1 Einleitung

„Die Ramblas sind wie so ein Großstadt-Dschungel mit verschiedenen wilden Tieren drin, und die Touristen sind die Beute für alle von ihnen" (Carmen[*], Barkeeperin).

1.1 Außenansicht des Straßenhandels

Jeder Besucher einer südeuropäischen Großstadt ist dem Thema Straßenverkauf zweifellos schon begegnet. Die angebotene Ware variiert von Ort zu Ort, Standardprodukte wie beispielsweise Rosen, gefälschte Handtaschen und Sonnenbrillen sind jedoch in fast jeder Stadt ab einem gewissen Tourismusaufkommen und mit entsprechend mildem Klima zu finden. An Stränden kommen diverse Snacks, kalte Getränke und Badetücher hinzu. Lokal sind oft noch jede Menge weiterer Produkte anzutreffen, die außerdem einem Marktzyklus zu unterliegen scheinen: Die zum Verkauf angebotenen Gegenstände ändern sich saisonal und werden nach einigen Jahren durch andere Produkte ersetzt. Der Markt des Straßenverkaufs ist für jeden Passanten[1], ob Tourist oder Einheimischer, ob Geschäftsmann oder Jugendlicher, ob Rucksacktourist oder Luxusreisender, zwangsläufig offen sichtbar. Man muss den Straßenmarkt nicht suchen, die Verkäufer scheinen einen von sich aus zu finden. Sobald man sich beispielsweise in Barcelona während der Hauptsaison in Strandnähe bewegt, wird man mit ziemlicher Sicherheit von Straßenverkäufern angesprochen. Wenn man nicht gerade etwas kaufen will, kann das ständige lautstarke Anbieten von Waren sehr lästig werden. Trotz dieser unübersehbaren Allgegenwärtigkeit der Verkäufer lassen es die meisten Passanten mit einer abwehrenden Reaktion bewenden und befassen sich nicht weiter mit den anbietenden Personen.[2]

---

[*] Name geändert. Namen und Orte wurden in allen Fällen verfremdet, in denen von den Schilderungen für die genannten Personen die Gefahr von Strafverfolgung und anderen Unannehmlichkeiten ausgeht. Außerdem in allen Fällen, in denen Anonymisierung im Vorfeld garantiert wurde – u.a. bei allen Bierverkäufern – oder in denen nicht um Erlaubnis zur Zitierung angefragt wurde.

[1] Auf die durchgehende Nennung der männlichen und weiblichen Form wird aus Gründen der Lesbarkeit des Textes verzichtet. Es sind jedoch in allen Fällen sowohl männliche wie weibliche Personen gemeint, auch wenn nur die männliche Form genannt wird – mit Ausnahme der Bierverkäufer, die alle männlich sind.

[2] Höchstens im angetrunkenen Zustand überwindet ein Tourist gelegentlich die Hemmschwelle und beginnt eine flüchtige Unterhaltung mit einem Verkäufer.

Auffällig ist die strikte Unterteilung nach Ethnien innerhalb der verschiedenen ‚Wirtschaftszweige der Straße'[3]. In Barcelona sind es nahezu exklusiv Pakistaner und Inder, die sich dem Verkauf von Dosenbier widmen. Die Prostituierten auf den Ramblas sind zumeist Frauen aus dem subsaharischen Afrika, die Hütchenspieler stammen aus Mazedonien, Albanien sowie dem Kosovo und Taschendiebe sind größtenteils aus Osteuropa und Nordafrika. Inder und Pakistaner führen zudem den Rosenverkauf sowie den Verkauf von Spielzeugen, aktuell vornehmlich von Pfeifplättchen und ‚Tirachinas'[4], durch. Abbildung 1 zeigt eine Auswahl der Produkte, die von Indern und Pakistanern im Frühjahr 2012 im Zentrum Barcelonas auf der Straße angeboten wurden. Auf Nachfrage und je nach Saison und Tageszeit sind weitere Güter wie Regenschirme, Hüte und blinkende Sonnenbrillen von ihnen erhältlich. Von außen betrachtet wirkt der Straßenhandel aufgrund der klaren Aufteilung nach Ethnien und der räumlichen Abgrenzung der Reviere wie von einer großen ‚Mafia'[5] beherrscht. Verstärkt wird dieses Bild durch den offensichtlichen Geld- oder Warenaustausch unter den Händlern sowie durch die vertraulich wirkenden Gespräche in fremdländischen Sprachen.

Von Einheimischen wie von Touristen wird im Zusammenhang mit der Organisation des Straßenhandels oft der Begriff ‚Mafia' verwendet. Bei genauerem Nachfragen, wie diese vielgenannte Mafia denn aufgebaut sei, erhält man jedoch kaum detaillierte oder gar auf Fakten basierende Antworten. Halbwissen, Gerüchte, Legenden und nicht näher überprüfte Geschichten aus dritter Hand prägen die Meinung von Partygängern bis hin zu Polizeibeamten. Es gibt beispielsweise im Falle der Bierverkäufer von Barcelona auch von staatlicher Seite keine empirische Untersuchung der Hintergründe, obwohl das Phänomen von der Stadtverwaltung für bestimmte Stadtteile als sehr problematisch eingeschätzt wird.[6]

Man beschränkt sich auf die Bekämpfung der Auswüchse und vertraut rein auf gesetzliche und polizeiliche Maßnahmen. Differenzierte, den Gesamtkontext untersuchende, empirische Forschungsarbeiten im Bereich Straßenhandel / illegale Aktivitäten in der Straße sind rar und allenfalls in wissenschaftlichen Fachkreisen bekannt.

Eines der Hauptprobleme, das unter anderem die Unwissenheit in der Öffentlichkeit hervorruft, ist die Abschottung der Straßenverkäufer gegenüber der Außenwelt. Diese haben aufgrund ihrer mehrheitlich irregulären[7] Situation im Land, d.h.

---

3   Einfache Anführungszeichen werden durchgehend zur Herausstellung von Begriffen verwendet. Doppelte Anführungszeichen dienen der Hervorhebung von Zitaten.
4   Es handelt sich um leuchtende Plastikröhrchen, die man mit einem Gummiband in den Himmel schießt und wieder auffängt.
5   ‚Mafia' bezieht sich im Volksmund nicht nur auf die italienische Variante, sondern meint allgemein kriminelle Organisationen.
6   Die Gründe für die Wahrnehmung als Problem werden in 5.1.3 und 5.2.4 eingehend erläutert.
7   Meines Erachtens ist weder die Bezeichnung ‚illegal' für Personen ohne Aufenthaltsgenehmigung passend (da sie die Vermutung nahelegt, dass der Mensch selbst illegal ist), noch die Bezeichnung ‚illegalisiert' (da hierdurch den Personen eine passive Opferrolle zugeschrieben wird). Daher wird in Übereinstimmung mit den Autoren der EU-Studie ‚CLANDESTINO - Undocumented Migration: Counting the Uncountable' die Bezeichnung ‚irregulär' verwendet.

einer fehlenden gültigen Aufenthaltsgenehmigung, in der Regel kein Interesse an einer Aufdeckung ihrer Lebens- und Arbeitsumstände. Wie eine Mitarbeitern der im Stadtteil Raval ansässigen Hilfsorganisation ‚Tot Raval' sich dem Verfasser gegenüber äußerte: „Sobre la venta de las cervezas y de las drogas no te van a decir nada" [„Über den Bier- und Drogenverkauf werden sie dir nichts sagen."].[8]

Abbildung 1: (Foto): Artikelauswahl des Straßenverkaufs durch Pakistaner und Inder auf den Ramblas (Autor)

1.2 Persönliches Vorwissen und Beweggründe

Die vorliegende Studie dient dazu, Licht ins Dunkel der Vorurteile über den ambulanten Dosenbierverkauf in Barcelona zu bringen. In Anlehnung an die Ausführungen des US-Soziologen Goffman wirft sie einen Blick auf die Vorder- und die Hinterbühne (vgl. Goffman 1959) der im öffentlichen Raum auftretenden Straßenverkäufer und leuchtet deren Kulissen aus. Woher stammen die Verkäufer, was treibt sie hierher, wie und wovon leben sie, was sind das für Menschen? Thematisiert worden sind die als Lateros [eigentlich: Klempner; lata=Dose] bezeichneten Bierverkäufer in einem im Mai 2009 veröffentlichten youtube-Clip mit dem Titel ‚Pakito el Latero'[9]. Insgesamt über 300.000 Klicks hat dieser auf Spanisch gesungene und in einer Version mit englischen Untertiteln verfügbare, komödiantische Einblick in den Alltag

---

8 Wie diese Barrieren überwinden werden konnten, ist im Methodenteil in Kapitel 3 erörtert.
9 http://www.youtube.com/watch?v=v1DPR_giLfs, abgerufen am 19.09.2012.

eines pakistanischen Bierverkäufers aufzuweisen. Eine Auseinandersetzung mit den Hintergründen bzw. eine gewisse Neugier ist bei der vornehmlich jüngeren Kundschaft der Bierverkäufer also durchaus gegeben. Das zeigen auch Gespräche im Bekanntenkreis sowie Blogeinträge, Zeitungsartikel und Kurzreportagen zum Thema. Die Gleichsetzung pakistanischer Männer mit Bierverkäufern nimmt mitunter unfreiwillig komische, aber auch bedenkliche Ausmaße an: In einem Fall wurde ein Pakistaner, der in den Abendstunden mit einer Plastiktüte in der Hand durch die Innenstadt Barcelonas spazierte, von einer Gruppe englischsprachiger Jugendlicher angesprochen. Sie wollten dem Mann Dosenbier abkaufen. Der Pakistaner trug jedoch lediglich seine privaten Einkäufe nach Hause und reagierte völlig verständnislos auf die Ansprache durch die Jugendlichen. Das Phänomen der Bierverkäufer hat in Barcelona mittlerweile sozial problematische, wie auch wirtschaftlich spürbare Auswirkungen angenommen, die von Anwohnern, Gastronomen und Behörden beklagt werden.

Die Vorkenntnisse und Vorstellungen des Autors bezüglich des Themenkomplexes ‚illegaler Dosenbierverkauf in Barcelona' lesen sich wie folgt (entnommen aus einem im Oktober 2011 verfassten Exposé, zwei Monate vor Beginn der Feldforschung):

Im Rahmen des Erasmus-Programms absolvierte ich 2009 ein Auslandssemester an der Universitat de Barcelona. Besonders in der von Touristen übervölkerten Innenstadt und am Stadtstrand Barcelonas fielen mir die zahlreichen Getränkeverkäufer meist pakistanischer Herkunft auf. Sie bieten in den Straßen vornehmlich Bierdosen zum Preis von einem Euro, diverse andere Getränke und sonstige Güter wie belegte Brötchen, Regenschirme oder Drogen an. Bei einem Selbstversuch mit Bierdosen konnte ich damals den ernüchternden Geschäftsalltag dieser Verkäufer in Grundzügen nachvollziehen. Zudem konnte ich das Instruieren der sog. ‚Pakis'[10] durch einen weißen Geschäftsmann beobachten, der mit ihnen eine Art Einteilung vorzunehmen schien. Diese Beobachtung sowie die Tatsache der flächendeckenden Versorgung Barcelonas mit kaltem Bier, zu nahezu jeglicher Tages- und Nachtzeit, legen den Schluss einer wohlstrukturierten Organisation dieser meist illegalen Wirtschaftsakteure nahe. Der Plan, den wirtschaftlichen und sozialen Ursachen, Folgen und ‚Erfolgsgeheimnissen' dieses Phänomens wissenschaftlich auf den Grund zu gehen ist seither in meinem Kopf gereift.

Bisher wurde dieser vom Volumen wie vom Sichtbarkeitsgrad her durchaus bedeutende Vertriebsweg von Konsumgütern kaum empirisch untersucht. Dies liegt vermutlich an der Illegalität[11] dieses aus dem Untergrund heraus operierenden Wirt-

---

10 Abwertende, in Barcelona gebräuchliche Bezeichnung, die von den Pakistanern selbst abgelehnt wird.

11 „Als illegal gilt, was das ‚Legalitätsprinzip', das sich als Grundprinzip staatlichen Handelns vom politischen Liberalismus ableitet, nicht respektiert oder verletzt. Es garantiert den Regierten, dass die Regierung nach Recht und Gesetz handelt. I[llegalität] bezeichnet das, was gegen das Recht verstößt, genauer: gegen die Aussagen, die es zum Ausdruck bringen, d.h. gegen die

schaftszweiges und der hierfür in den klassischen Fachdisziplinen fehlenden Methodik zu einer geeigneten Untersuchung. Die Wirtschaftswissenschaftler verwenden zur Betrachtung ähnlich gelagerter Phänomene meist makroökonomische Modellrechnungen (beispielsweise Friedrich Schneider: Illegal Activities, but still value added ones?) bzw. mikroökonomisches Formelwerk. Sozialwissenschaftler (Ethnologen, Anthropologen wie Soziologen) hingegen interessieren sich in ihren empirischen Studien in der Regel nicht für die ökonomischen Aspekte der Thematik illegaler Straßenverkäufer. Eine Kombination sozialwissenschaftlicher Werkzeuge, speziell solcher der ethnographischen Feldforschung, mit volkswirtschaftlicher Datenauswertung und Betrachtungsweise könnte hier meiner Meinung nach einen erheblichen Erkenntnisgewinn bringen.

Die Einordnung des Themas in die Problematik der wirtschaftlich motivierten Migration der Straßenverkäufer aus Pakistan nach Europa soll neben der volkswirtschaftlichen Analyse auf Basis eigener empirisch erhobener Daten den zweiten Schwerpunkt der Arbeit darstellen. Die erforderlichen Daten werden im Rahmen einer vor Ort durchzuführenden, 3-4 monatigen Feldforschung im Anschluss an eine theoretische Einarbeitung in die Thematik erhoben werden. Möglichkeiten des Feldzugangs wurden bereits evaluiert, können aber keine Garantie auf Erfolg geben. Im Anschluss an die Phase im Feld folgt dann die Auswertung und Niederschrift der erfassten Vorgänge. Die Herangehensweise ist für eine Diplomarbeit sicher unkonventionell, bietet aber im Hinblick auf das zu untersuchende Thema meiner Meinung nach die einzige Möglichkeit zu einer realitätsnahen Einschätzung des Wirtschaftsfaktors illegaler, informeller Dienstleistungen am Beispiel pakistanischer Bierverkäufer im Zentrum der europäischen Metropole Barcelona.

In Kapitel 3 wird die tatsächliche Vorgehensweise während der Feldforschung geschildert, die in einigen Teilen den vagen Planungen entsprach und dennoch ganz anders ablief als in den Vorstellungen vorab. Oft ergab sich durch einen entstehenden Kontakt gleich der nächste bzw. eine anschließende Idee, in welche Richtung die Forschung weitergehen könnte und welche Informationen zu erheben sein würden. So entwickelte sich mich mit jedem Interview, jeder Beobachtung und jeder Reflexion allmählich dem Bild, das im Folgenden dargestellt und analysiert wird. Während des Forschungsprozesses verfasste Abstracts für CfPs in deutscher, spanischer und englischer Sprache halfen beim Ziehen von Zwischenresümees und hieraus entstandene Ideen flossen in die vorliegende Darstellung mit ein. Eines der Hauptziele war es von Anfang an, eine Verknüpfung der beiden Gesellschaftswissenschaften Soziologie und Wirtschaftswissenschaften zu erreichen. Mit soziologischen Mitteln erhobene Daten mittels wirtschaftsbezogener Denkansätze auszuwerten und einzuordnen bietet im Falle der Bierverkäufer von Barcelona eine innovative Möglichkeit, verschlossene Türen zu öffnen und disziplinübergreifend zu neuen Erkenntnissen zu gelangen, die weder in dem einen noch dem anderen Fachbereich allein zu erreichen

---

Gesetze. Illegales Handeln unterliegt deshalb den gesetzlichen Sanktionen" (Berliner Institut für kritische Forschung e.V. 2010: 1).

gewesen wären. Dass zudem die Erklärungsmodelle der neoklassischen Wirtschaftstheorie im informellen Sektor nicht greifen und daher andere, nicht standardmäßig angewandte Ansätze wie die Neue Institutionenökonomik berücksichtigt werden sollten, wird bei der Interpretation der Daten deutlich. Nur durch ein realitätsnahes Verständnis der Vorgänge könnten auf sozialer wie auch auf wirtschaftlicher Ebene Lösungsmöglichkeiten für das von staatlicher Seite in Barcelona als Problem erkannte Phänomen der Straßenverkäufe ohne Genehmigung entwickelt werden.

1.3 Forschungsfragen

Die zeitliche Begrenzung einer Diplomarbeit gebot eine möglichst genaue Formulierung der zu untersuchenden Forschungsfrage. Ein völlig offenes Vorgehen wie jenes von William F. Whyte bei seiner Studie ‚Street Corner Society' (1943) erschien in Anbetracht der für die Feldforschung zur Verfügung stehenden Zeit von vier Monaten nicht realisierbar. Whyte war nach eigenen Angaben 18 Monate im Feld gewesen, bevor er wusste, wohin seine Untersuchungen gehen sollten. Er verbrachte viel Zeit mit den Personen des Feldes, bevor er sukzessive seine Forschungsschwerpunkte definierte und mit einem fokussierten Vorgehen begann. Die Untersuchungsgegenstände und der Interessensschwerpunkt konnten jedoch im vorliegenden, auf wenige Monate beschränkten Feldforschungsfall nicht erst im Forschungsprozess entstehen, sondern waren vorab zu klären. Die Zugangsbarrieren und der Mangel an vorstrukturierter Sekundärliteratur behinderten jedoch eine präzise Formulierung von Forschungsfragen. Die näheren Umstände des Phänomens waren nicht bekannt, ebenso wenig die Determinanten seiner Existenz sowie die bestimmenden, näher zu untersuchenden Schlüsselfaktoren.

Aus diesem Grund war die angepeilte genaue Eingrenzung vorab nicht möglich, sondern musste möglichst rasch in der Anfangsphase der Feldforschung entwickelt werden. Das Ergebnis war ein Mittelweg zwischen definierter Vorgehensweise und flexibler Anpassung an die noch unbekannten Gegebenheiten. Truschkat et al. vertreten diesen Ansatz in ihrer Ausarbeitung ‚Forschen nach Rezept?': „Insgesamt bleibt festzuhalten, dass die Ausformulierung der Fragestellung eine wichtige Rolle spielt. Dabei ist aber zu beachten, dass es sich nicht um vorgefertigte Hypothesen handeln darf, sondern um Aufmerksamkeitsrichtungen, um eine Sensibilität für den Forschungsgegenstand, die ein bestimmtes Maß an Offenheit bewahrt" (Truschkat et al. 1995: 12).

Zugehörige Themenfelder wurden vor Ort erschlossen, und die Vorgehensweise wurde explorativ im Wochentakt weiterentwickelt. Detailfragen stellten sich nach den ersten Wochen vor Ort und wurden in die Leitfäden für die Interviews[12] und in den Beobachtungsfokus eingearbeitet. Die Zielsetzung lautete zunächst in Anlehnung an das Exposé: Zu verstehen wer die Verkäufer sind, wie der Verkauf organisiert ist,

---

12 Siehe Anhang 2 unter www.springer.com auf der Produktseite dieses Buches.

Forschungsfragen 17

was die Ursachen sind und welche Konsequenzen sich aus der Situation ergeben. Es folgen einige grundsätzliche Fragen, deren Beantwortung Anspruch der Untersuchung ist, und die richtungsweisend für den Forschungsschwerpunkt waren.

In Bezug auf den Hintergrund der Bierverkäufer lauteten diese:

- Warum entstammen die Verkäufer alle dem gleichen bzw. ähnlichen Migrationshintergrund?
- Wie und wann ist der Handel entstanden?
- Wie sind die Bierverkäufer nach Spanien gelangt und wie gestalten sie ihr Leben dort?
- Wie hoch sind die Einkünfte eines Bierverkäufers pro Monat?
- Wie hoch sind die Lebenshaltungskosten?

Für die Verkaufspraxis sollten folgende Sachverhalte geklärt werden:

- Wie schaffen es die Bierverkäufer, stets kaltes Bier im Angebot zu haben?
- Warum gibt es an manchen Orten eine starke Konzentration an Verkäufern, an anderen Orten keinen einzigen Latero?
- Warum sind ihre Verkaufszeiten beschränkt?
- Wo werden die Bierdosen beim Verkauf versteckt und gelagert?
- Gibt es eine Person an der Spitze des Bierverkaufs in Barcelona? Wie ist der Handel organisiert – wie sind die Lieferwege für das Dosenbier?
- Warum wird vornehmlich die Marke Estrella verkauft, und warum verfolgen einige Lateros andere Markenstrategien?

Die Untersuchung staatlicher Eingriffe sollte v.a. folgende Frage klären:

- Wie wird die Strafe für das Verkaufen von Bier in der Straße in der Praxis ausgelegt?
- Was unternimmt die Stadt Barcelona konkret gegen die Bierverkäufer?

Bezogen auf mögliche Konkurrenz und wirtschaftliche Auswirkungen war folgende Frage antreibend:

- Stellen die Bierverkäufer eine ernsthafte Konkurrenz für die formelle Wirtschaft dar, und wenn ja für welche Bereiche?

Außerdem sollte aus der Käuferperspektive heraus eruiert werden, wer Dosenbier in der Straße erwirbt:

- Wird das Dosenbier in der Straße vermehrt von Touristen oder von Einwohnern gekauft?

- In wie weit substituiert der Konsum auf der Straße Konsum in der Gastronomie?

Es handelt sich zwar um ein qualitatives Forschungsdesign, jedoch bestand ein Anspruch auf Erhebung bzw. Abschätzung der folgenden quantitativen Größen:

- Wie viele Verkäufer gibt es, und wie verteilen sich diese über die Stadt?
- Wie hoch ist der Umsatz pro Jahr, und wie hoch ist er im Vergleich zum offiziellen Absatz von Bier in Barcelona?
- Wie hat sich der Handel umsatzmäßig in den letzten 3-5 Jahren entwickelt? Hat sich die Wirtschaftskrise auf ihn ausgewirkt, und wie sehen mögliche Zukunftsszenarien aus?

Lesehinweis
An einigen Stellen wird auf den Anhang verwiesen: Zusatzmaterialien sind unter www.springer.com auf der Produktseite dieses Buches verfügbar.

2 Forschungsstand

„Ein Mann kommt in den Himmel. Nachdem der Herrgott in das große Buch geschaut hat, meinte er: ‚Nun gut, du darfst dir aussuchen, ob du lieber in den Himmel oder die Hölle ziehst.' Der Mann bittet: ‚Darf ich mich umschauen, bevor ich mich entscheide?' Dieser Wunsch wird gewährt. Der Mann blickt sich den Himmel an: Viel Licht, ausgeglichene Seelen. Der Mann geht in die Hölle: Heiße Rhythmen, gutes Essen, super Mädchen! Er kehrt zurück zum Herrgott und meint: ‚Nun ja, der Himmel ist nicht schlecht, aber wenn ich ehrlich bin, würde ich die Hölle vorziehen.' ‚Auch dieser Wunsch sei Dir gewährt!'; meint der Herrgott. In diesem Augenblick macht es ‚Puff!' und hinter dem Mann steht ein riesiger Teufel, der ihn mit der Gabel piekst und anbrüllt: ‚Los, auf! Arbeite!!!' ‚Moment mal', antwortet der Mann, ‚eben gab's hier doch noch tolle Musik, gutes Essen und die schönsten Mädchen?' ‚Tja', meint der Teufel, ‚eben warst Du auch noch als Tourist hier. Jetzt kommst Du als Immigrant' [Paul L. aus Litauen]" (Alt 2003: 5).

Das Phänomen Dosenbierverkauf in der Straße umfasst verschiedene Themenfelder, die in ihrer vollen Ausprägung erst während des Forschungsprozesses erkannt werden konnten. Als irreguläre Immigranten sind die Bierverkäufer darauf angewiesen, im Zielland schnellstmöglich eine überlebenssichernde Beschäftigung zu suchen. Diese Beschäftigung können sie aufgrund ihres aufenthaltsrechtlichen Status oftmals nur in der informellen Wirtschaft finden, wo sie nach individuellen Nischenstrategien suchen oder sich den geltenden, aufgrund des Überangebots an Arbeitskräften und fehlendem Rechtsschutz ungleich härteren, Beschäftigungsbedingungen zu stellen haben.

Über das Phänomen selbst konnten auf wissenschaftlicher Ebene keine Veröffentlichungen gefunden werden. Die Recherche in den betreffenden Themenfeldern ermöglicht jedoch eine Ex-ante-Einschätzung des Themas und der noch selbst einzuholenden bzw. zu überprüfenden Erkenntnisse. Die Rekonstruktion des Forschungsstandes und die vorangehende Auswahl der zu betrachtenden Themen irreguläre Immigration, Pakistaner und Inder in Barcelona, unternehmerische Migranten sowie informeller urbaner Sektor erfolgte aufbauend auf den Vorannahmen über das Feld bzw. auf den sukzessiven Erkenntnisgewinnen während des Forschungsprozesses. Ein grundlegendes Verständnis der relevanten Themengebiete ist wichtig, um die durchgeführte empirische Studie in den Gesamtkontext einordnen und den gewählten Forschungsansatz nachvollziehen zu können. Den Abschluss dieses Kapitels bildet eine Auswahl an vergleichbaren empirischen Studien, ohne hier einen Anspruch auf Vollständigkeit zu erheben.

2.1 Immigration

Da die Bierverkäufer, ähnlich zu anderen Straßenverkäufern, nach außen hin als ethnisch geschlossene Gruppe auftreten, liegt zunächst eine Untersuchung ihres gemeinsamen migratorischen Hintergrundes nahe. Ein Verständnis der Realität in den Straßen Barcelonas baut auf einer Beleuchtung der mit der Immigration zusammenhängenden Aspekte auf. Ohne die (irreguläre) Immigration wäre der Bierverkauf, wie weite Teile des Straßenverkaufs, nicht annähernd so weit verbreitet wie er es aktuell ist. Die Immigration wird im vorliegenden Fall als eine der kausalen Bedingungen für die Existenz des Straßenverkaufs von Bier angenommen.[13]

2.1.1 Irreguläre Immigranten in der EU und in Spanien

Die pakistanischen und indischen Bierverkäufer halten sich größtenteils irregulär in Europa auf und sind damit Teil einer in der Öffentlichkeit kaum oder nur auf polemische Weise thematisierten Immigrantengruppe in Europa. In den Medien gibt es Bilder von gestrandeten afrikanischen Flüchtlingen an der Mittelmeerküste, nicht jedoch von der Lebensrealität außerhalb der Flüchtlingscamps. Von einem wertneutralen, empirisch fundierten Standpunkt aus geschriebene Literatur zum Thema irregulärer Aufenthalt ist schwer zu finden. Es dominieren Veröffentlichungen von Hilfsverbänden und Nichtregierungsorganisationen auf der einen und zumeist konservativ geprägte Stellungnahmen von Regierungsvertretern auf der anderen Seite. Qualitative empirische Studien, die sich auf nur eine Migrantengruppe oder eine Region beschränkt, sind oft die einzig verfügbare wissenschaftliche Datenquelle. Quantitative Studien mit fundiertem Zahlenmaterial zu europa- oder länderweiten irregulären Einwanderungsströmen hingegen sind nicht in der Diskussion vertreten.

Laut Weltbank gab es im Jahr 2010 weltweit rund 215 Millionen Immigranten, was 3,2 Prozent der Gesamtbevölkerung entsprach.[14] Von den aus Entwicklungsländern stammenden Emigranten wanderten 43 Prozent in andere Entwicklungsländer aus, weshalb die Süd-Süd-Migration stärker ausgeprägt ist als die Süd-Nord-Immigration (d.h. in Länder mit tendenziell höherem Pro-Kopf-Einkommen). Unter den weltweit zehn attraktivsten Zielländern für Immigranten finden sich u.a. Deutschland und Spanien, unter den zehn zahlenmäßig stärksten Auswanderungsländern u.a. Indien und Pakistan (vgl. Ratha et al. 2011: 1).

Angenendt und Kruse schätzten im Jahr 2002 ab, dass zwischen einem Achtel und einem Viertel der weltweiten Migration auf irreguläre Einwanderung entfallen. Darauf aufbauend wurden für das Jahr 1998 die Personen ohne Aufenthaltserlaubnis in Europa auf 3 Millionen geschätzt, in Spanien auf damals 150.000 (vgl. Angenendt & Kruse 2002: 13f). Finotelli führt folgende länderspezifische ‚Pull-Faktoren'[15] für

---

13 Zur Begründung dieser Annahme siehe Kapitel 4.2 und 5.2.
14 7,6 Prozent der Migranten zählten nach der Definition durch die Genfer Konventionen als Flüchtlinge.
15 Anziehende Faktoren.

die irreguläre Zuwanderung an: geographische Nähe, Organisation sozialer Netzwerke, Attraktivität der Schattenwirtschaft, und die Effizienz der Einwanderungsregelungen und des internen Kontrollsystems (Finotelli 2008: 92). Für überschätzt hält Bade bei den Personen ohne Aufenthaltsgenehmigung das Phänomen der vorherigen illegalen Überschreitung von Ländergrenzen. Die Übertragung der aus den USA stammenden Abschätzung aus Grenzkontrollen – ‚one is caught, two pass' – auf Europa sei nicht realistisch. Die meisten Personen ohne Aufenthaltsgenehmigung in Europa seien ‚Overstayer', die mit einem gültigen Visum eingereist seien und dieses nun durch verlängerten Aufenthalt im Land überzögen und damit ihren vormals legalen Status verlören (vgl. Bade 2002: 27).

Nach Schätzungen von Europol, so Tsianos und Karakayali im Jahr 2010, kommen jährlich 500.000 nicht erfasste Migranten über die Südeuropa-/ Mittelmeerroute nach Europa. Das mache 1/5 der kompletten nicht erfassten Immigration nach Europa aus. Die Migranten würden diese Grenze niemals auf eigene Faust erreichen: „Die Wahrnehmung des Migranten als ökonomischer, männlicher Robinson Crusoe kann nicht aufrecht erhalten werden" (Tsianos & Karakayali 2010: 378). Im Allgemeinen hat die illegale Einreise auch Kreienbrink zufolge einen geringeren Umfang als vermutet, aber „durch die damit verbundenen drastischen Ereignisse – bei der Überfahrt in kleinen Booten von Nordafrika über die Straße von Gibraltar oder zu den Kanarischen Inseln – gewinnt diese Form vor allem in den Medien eine größere Aufmerksamkeit und erscheint oft als das zentrale Problem" (Kreienbrink 2008: 7).

Zu ähnlichen, teils erheblich von den in den Medien kolportierten Zahlen abweichenden Schlussfolgerungen kommt die von der EU-Kommission in Auftrag gegebene, 2009 veröffentlichte Studie „Clandestino - Undocumented Migration: Counting the Uncountable Data and Trends Across Europe." Ausgehend von der Kombination empirischer Untersuchungen in zwölf EU-Ländern wurde der Versuch unternommen, eine Bandbreite für die sich insgesamt irregulär in Europa aufhaltenden Personen anzugeben. Die Schätzungen für das Jahr 2008 in der EU27 belaufen sich auf eine Spanne von 1,9 Millionen bis 3,8 Millionen Irregulärer. Für das Jahr 2002 beliefen sie sich allein für die EU15 auf 3,1 – 5,3 Millionen Personen. Der Zahlenvergleich spricht für einen deutlichen Rückgang irregulär aufhältiger Personen zwischen 2002 und 2008 (Clandestino 2009 [3]: 4). Die Spanne für Spanien beträgt für das Jahr 2008 zwischen 280.000 und 354.000 Personen, die Spanne für Deutschland 196.000 bis 457.000 Personen (ebd.: 5).

Die Praxis in Spanien unterscheidet sich sowohl von der Gesetzeslage als auch von der Umsetzung her deutlich von der Situation in Deutschland.[16] In Spanien kann

---

16　Situation in Deutschland: „Irreguläre Einreise und Aufenthalt und die Unterstützung wird rechtlich als Straftat eingestuft und kann mit Gefängnis bis zu einem Jahr bestraft werden. Die Mitarbeiter der meisten öffentlichen Stellen sind gesetzlich verpflichtet, Kenntnisse über einen irregulären Aufenthalt an die Ausländerbehörde oder Polizei zu melden, was die Ausweisung oder Abschiebung nach sich zieht" (Clandestino 2009 [2]: 3). Einen Einblick in die Kontroversen der deutschen Handhabe bietet etwa die Lektüre von Andreas Fischs ‚Flüchtlingsschutz &

sich der irregulär Einreisende im Einwohnermelderegister anmelden, ohne eine Abschiebung befürchten zu müssen. Die Polizei hat zwar Zugriff auf das Register, zieht es allerdings nur bei Verdacht auf Vorliegen einer Straftat heran. Irregulärer Aufenthalt an sich zählt in Spanien lediglich als ‚falta administrativa', dem deutschen Tatbestand einer Ordnungswidrigkeit vergleichbar. Die Registrierung im Einwohnermelderegister, dem sogenannten ‚Padrón', bietet die spätere Möglichkeit zur Regularisierung, d.h. zur Erlangung einer Aufenthaltsgenehmigung:

> „Folgende Dokumente werden hierfür benötigt: Ein leeres Vorstrafenregister im Ursprungsland, ein Arbeitsvertrag (mindestens einjährig und über 30 Stunden wöchentlich), der Nachweis des unterbrechungsfreien Aufenthaltes in Spanien über drei Jahre hinweg (z.B. mittels des Einwohnermelderegisters [‚padrón'] und der Nachweis des arraigo [‚Verwurzelung'] {z.B. durch den Besuch von Spanisch- oder Katalanischkursen sowie einem Bibliotheksausweis}. Das Nadelöhr aber ist der Arbeitsvertrag, weshalb ein enormer Markt mit zu verkaufenden Verträgen besteht" (Zapf 2012: 8).

Aussagen zu irregulärer Immigration sind aufgrund der schwierigen Datenerhebung stets kritisch zu hinterfragen und auf ihre Belastbarkeit zu prüfen. Das zeigte sich auch in der eigenen Feldforschung, weshalb die Sekundärliteratur stets einem kritischen Quervergleich unterzogen wurde. Nur empirisch fundierte Daten lassen verlässliche Rückschlüsse zu, die für das Verständnis des komplexen Phänomens des ambulanten Dosenbierverkaufs ohne Genehmigung nötig sind.

Im Falle Spaniens stellt das Melderegister auf den ersten Blick eine zuverlässige Quelle dar. Die Angaben des Registers weichen jedoch von der tatsächlichen Situation ab, denn einmal eingetragene Personen müssen sich erst nach zwei Jahren zurückmelden. Da Spanien für einige Migrantengruppen als Transitland fungiert, wird sich ein Teil der noch im ‚Padrón' registrierten Personen nicht mehr in Spanien, sondern in anderen EU-Ländern befinden. Auf der anderen Seite gilt laut González-Enríquez:

> „There may also be irregular extra-Community immigrants who are not in the Padrón either because they are afraid they will be traced by the police through the list or because they are totally unaware of the advantages of such registration. [...] In short, although Spain has an unquestionable advantage as compared with the rest of the European countries since it has a general registration of irregular immigrants, this registration is far from perfect" (González-Enríquez 2009: 21).

Eine weitere Besonderheit des spanischen Systems sind Massenregularisierungen, von denen die fünfte und vorerst letzte im Jahr 2005 durchgeführt wurde. Irreguläre Einwanderer, die eine gewisse Aufenthaltsdauer im Land und einen Arbeitsvertrag nachweisen können, erhalten im Rahmen einer Massenregularisierung im Schnellverfahren eine an das Beschäftigungsverhältnis gekoppelte Aufenthaltsgenehmigung. Über 570.000 Personen wurden 2005 mit dieser politisch umstrittenen Maßnahme

---

Menschenrechte. Rechte von Menschen ohne Papiere und die Widerspruchsfreiheit der Rechtsordnung' und des BMI-Berichts ‚Illegal aufhältige Migranten in Deutschland. Datenlage, Rechtslage, Handlungsoptionen'.

regularisiert. Konservative Politiker befürchten die Auslösung eines ‚Call-Effektes'[17], der irreguläre Einwanderer durch die Aussicht auf Regularisierung ins Land lockt.

Tatsächlich ist Spanien erst seit Mitte der 90er Jahre verstärkt zum Zielland für Einwanderer geworden. Seit dem Jahr 2000 hat Spanien ein Drittel aller Immigranten in der EU aufgenommen. Das entspricht zwischen 2000 und 2007 weltweit der zweithöchsten Zahl an aufgenommenen Immigranten nach den USA. Derzeit leben laut Einwohnermelderegister rund 5,7 Millionen Ausländer in Spanien (Instituto Nacional de Estadística 2012). Im Jahr 2011 jedoch machte sich die im Zuge der Finanzkrise aussichtslos gewordene Lage am Arbeitsmarkt bemerkbar, indem erstmals seit Jahrzehnten die Zahl der in der autonomen Gemeinschaft Katalonien[18] lebenden Ausländer um 3,2 Prozent zurückging (vgl. Balsells 2012).[19] Aus der Krise und dem Regierungswechsel von der sozialistischen PSOE zur konservativen PP ergeben sich bereits beschlossene oder zur Debatte stehende Verschärfungen im Ausländerrecht.[20] Xavier Bosch, Leiter der Immigrationsbehörde der autonomen Region Katalonien, äußert, dass er „dafür arbeiten werde, dass nicht noch mehr Immigranten kommen" (Duster 2011).

In Spanien ist die Anerkennung als Asylbewerber schwierig, die Erlangung einer Aufenthaltserlaubnis auch ohne den Flüchtlingsstatus im Vergleich zu Deutschland jedoch relativ einfach zu erreichen. Alt unterscheidet grundsätzlich zwischen Flüchtlingen, die wegen Verfolgung aus diversen Gründen zur Emigration gezwungen sind, um ihr Leben zu retten, und Arbeitsmigranten. Die Arbeitsmigranten verlassen aus einer Situation materieller Bedürftigkeit und Perspektivlosigkeit das Herkunftsland zum Zweck des Geldverdienens, machen „ökonomische Sachzwänge" geltend (Alt 2003: 26). Die größte wirtschaftliche Problematik durch sich irregulär aufhaltende Arbeitsmigranten, die in der EU einer Beschäftigung nachgehen, sehen Angenendt und Kruse darin, dass diese nicht sozialversicherungspflichtig beschäftigt sind. Dadurch würden die Kosten ihrer Beschäftigung vergemeinschaftet, die Erträge jedoch privatisiert. Der einzige hieraus entstehende positive gesamtwirtschaftliche Effekt ist, dass die illegal Beschäftigten durch ihre Verbrauchsabgaben zur wirtschaftlichen Gesamtrechnung beitragen. Aus Aufenthaltsstatus und Beschäftigungsverhältnis sind die in Abbildung 2 dargestellten Kombinationen möglich. Alles in allem, so Bade, fehle eine offen geführte Diskussion über die Zusammenhänge von regulärem Arbeitsmarkt und informellem Sektor.

---

17 Vgl. ‚Pull-Effekt/-Faktor'.
18 Das Königreich Spanien besteht aus 17 autonomen Gemeinschaften, vergleichbar den deutschen Bundesländern. Barcelona ist die Hauptstadt der autonomen Gemeinschaft Katalonien.
19 Weiterhin stark wachsend: Das Kollektiv der Pakistaner. (siehe Kapitel 2.1.2).
20 Zu umgesetzten Änderungen beim Anspruch auf medizinische Versorgung und der geplanten Abschaffung des ‚Arraigo social', siehe:
    http://noticias-inmigracion.euroresidentes.com/2012/05/cambios-derechos-de-los-inmigrantes-en.html.

	Aufenthalt	
Arbeit	*legal*	*illegal*
legal	normkonformes Verhalten	ausgeschlossen
illegal	illegal beschäftigt	"doppelte Illegalität"

Abbildung 2: Die Verknüpfung von Aufenthalts- und Arbeitserlaubnisrecht (Friedrich-Ebert-Stiftung 2000)

Die Dosenbierverkäufer sind den irregulären, d.h. ‚illegalen', Arbeitsmigranten im informellen Sektor zuzurechnen.[21] Folge ist die ‚doppelte Illegalität' (in Abbildung 2 grau unterlegt), wobei der Straßenverkauf hier aufgrund des fehlenden formellen Beschäftigungsverhältnisses und des vermuteten Unternehmercharakters nochmals eine Sonderform innerhalb der doppelten Illegalität darstellt.

2.1.2 Pakistanische und indische Immigranten in Spanien und Barcelona

Mit dem Kollektiv der Pakistaner in Spanien setzt sich eine ganze Reihe von Studien auseinander. Über die Geschichte der Pakistaner und Asiaten im Allgemeinen hat Beltrán einige Aufsätze veröffentlicht.[22] Es lassen sich drei pakistanische Immigrationswellen in Spanien identifizieren: Die erste begann in den 70er Jahren, als Großbritannien seine Migrationspolitik verschärfte und die Pakistaner deshalb in ganz Europa nach neuen Emigrationszielen suchten. Die zweite Phase, die bis Mitte der 90er Jahre lief, ist durch Familienzusammenführungen geprägt. Die mehrheitlich männlichen Einwanderer holten ihre Frauen und Kinder aus den Heimatländern nach Spanien. Die dritte Welle begann ab dem Jahr 2001, als durch Massenregularisierungen die Erlangung von Papieren vereinfacht wurde und viele Pakistaner, wie in der ersten Welle mehrheitlich Männer, dem ‚Call-Effekt' von Arbeitsmarkt und Einwanderungspolitik folgten (vgl. Beltrán 2008: 407f.). Diese letzte Welle ist dominiert von Männern der einkommensschwächeren Bevölkerungsschichten aus dem ländlichen Raum, die über geringe finanzielle Mittel und nur rudimentäre Schulbildung verfügen. Laut Riol geraten sie deshalb leicht in prekäre Lebenssituationen und sind darauf angewiesen, sich den Lebensunterhalt mit Tätigkeiten wie dem Straßenverkauf von Rosen oder Erfrischungsgetränken zu verdienen (Riol 2003: 4). Durch die Zu-

---

21 Wie im empirischen Teil in Kapitel 4 und in der Rezension der Literatur zum informellen Sektor in Kapitel 2.2.1 gezeigt wird.
22 U.a. 'La comunidad Pakistaní en España' 2008; 'Comunidades asiáticas en España' 2010.

nahme an unqualifizierter, mit geringen finanziellen Mitteln ausgestatteter Zuwanderung wachse die Prekarisierung im Kollektiv der pakistanischen Einwanderer, so seine Schlussfolgerung. Den bei den Pakistanern besonders ausgeprägten ‚Call-Effect' Spaniens erklärt Riol mit dem starken Zusammenhalt untereinander und dem äußerst dichten Netzwerk, durch das neue Immigranten angezogen würden. Eine Folge sei die Überbelegung von Wohnungen in bestimmten Stadtvierteln. Riol nennt das Beispiel einer 50m² großen Wohnung, in der 25 Personen lebten.23 Den Zahlen des Einwohnermelderegisters ‚Padrón' zufolge sind die Pakistaner aktuell das prozentual am stärksten wachsende Einwandererkollektiv in ganz Spanien. Während die Gesamtzahl der Ausländer in Spanien im Jahr 2010 um 0,3 Prozent schrumpfte, wuchs die Anzahl der Pakistaner um 22,8 Prozent auf rund 70.000 Personen (Instituto Nacional de Estadística 2012).[24] Das Ballungszentrum der in Spanien ansässigen Pakistaner bildet die autonome Gemeinschaft Katalonien und in ihr die Provinz Barcelona, in der laut ‚Padrón' nahezu 39.000 Pakistaner ansässig sind. Abbildung 3 zeigt die prozentuale Verteilung der Pakistaner auf Spanien, die graue Fläche stellt die Provinz Barcelona dar.

Alleine in der Comarca Barcelona[25] residieren knapp 28.000 Pakistaner. Der in den letzten 15-20 Jahren erfolgte rasante Anstieg der Immigrantenzahlen in Spanien lässt sich besonders drastisch am Beispiel der Pakistaner ablesen: Im Jahre 1996 waren rund 600 Pakistaner in der Stadt Barcelona registriert, im Januar 2011 bilden sie mit über 22.000 knapp vor den Italienern die bevölkerungsreichste Einwanderergruppe in Barcelona.[26]

Nur zehn Prozent der derzeit registrierten Pakistaner sind seit mehr als fünf Jahren gemeldet, was das starke Wachstum in den vergangenen Jahren unterstreicht. 30 Prozent von ihnen haben ihren Wohnsitz in der Altstadt Barcelonas, der Ciutat Vella.[27]

Dort wiederum wohnen 80 Prozent im Stadtteil Raval, der mit 47 Prozent über den höchsten Ausländeranteil in Barcelona verfügt. Das Durchschnittsalter beträgt 30 Jahre. Im Gegensatz zur weiblich geprägten Einwanderung aus Südamerika wird die Immigration aus Pakistan von den Männern dominiert: 83 Prozent sind männlichen Geschlechts. Nur 4,8 Prozent verfügen über einen Studienabschluss. (vgl. Departament d'Estadística de l'Ajuntament de Barcelona 2011: 35f)

---

23 Solche Wohnungen werden im Spanischen aufgrund der vielen Personen auf engstem Raum auch ‚Pisos Patera' [etwa: Flüchtlingsboot-Wohnungen] genannt.
24 In Deutschland sind es ca. 75.000.
25 Umfasst neben der Stadt Barcelona noch Badalona, Hospitalet de Llobregat, Sant Adrià de Besós und Santa Coloma de Gramanet. Die Comarca bildet den Einzugsbereich der Stadt Barcelona.
26 282.000 Einwohner Barcelonas sind ausländischen Ursprungs. Das entspricht 17,4 Prozent der Wohnbevölkerung (vgl. Berlin: 13,4 Prozent).
27 Umfasst die Stadtteile Barceloneta, Gótico, Raval und Sant Pere sowie Santa Caterina i la Ribera.

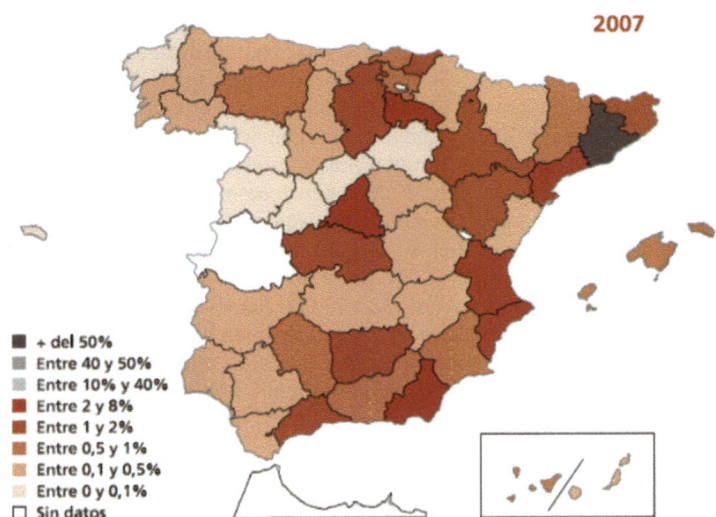

Abbildung 3: Verteilung der pakistanischen Wohnbevölkerung in Spanien (Beltrán 2008: 408)

Der Anteil der Personen ohne Aufenthaltsgenehmigung an der Gesamtzahl kann nicht mit Gewissheit angegeben werden, dürfte aber aufgrund der kurzen Aufenthaltsdauer der Mehrheit und der fehlenden höheren Bildungsabschlüsse – und der dadurch erschwerten Beschaffung von Arbeitsverträgen – bei bis zu 50 Prozent liegen. Die Auswahl Spaniens scheint dabei einer Abwägung zwischen der Möglichkeit der Erlangung einer Aufenthaltsgenehmigung und der Chance auf eine gut bezahlte Arbeit zu folgen. In Deutschland könne man im Gegensatz zu Spanien ohne Papiere nicht leben, so ein pakistanischer Einwanderer, da dort in jeder Straße Polizeikontrollen stattfinden würden. Als ähnlich schwierig wird die Lage ohne Aufenthaltsgenehmigung in Frankreich eingeschätzt (vgl. Artal et al. 2006: 88).

In einer 2002 durchgeführten Umfrage, bei der mittels eines 58 Punkte umfassenden Fragebogens 280 Pakistaner, davon 97 Prozent männlich, befragt wurden, gaben 100 Prozent der Befragten an, muslimischen Glaubens zu sein (davon 82 Prozent praktizierend). 2004 wurden drei der fünf Moscheen im Stadtviertel Raval von Pakistanern geführt (vgl. Moreras 2004: 120). 84 Prozent verfügten zum Zeitpunkt ihrer Ankunft bereits über Freunde in Barcelona. Nur 2,5 Prozent nahmen staatlich gestellte Unterkünfte in Anspruch, 6 Prozent besuchten soziale Verpflegungseinrichtungen. Nur 28 Prozent kamen wegen eines Jobangebots. 62 Prozent wollten auf unbestimmte Zeit in Barcelona leben. 54 Prozent gaben an, ihre Lebensqualität durch die Immigration gesteigert zu haben, 32 Prozent waren sich nicht sicher. 59 Prozent wohnten mit Bekannten derselben Nationalität zusammen. 28 Prozent kannten mindestens eine Person spanischen Ursprungs. Mit 49 Prozent schickte knapp die Hälfte aller Befragten Geld in die Heimat zurück (vgl. Aubia & Roca 2005: 106ff.).

Die Geldsendungen in die Heimat sind ein soziokulturelles Erfordernis, das aus der Familienstruktur, der starken wirtschaftlichen Abhängigkeit und der Rollenverteilung erwächst. Nicht nur Familien, sondern ganze Dörfer und Gemeinden bauen ihre wirtschaftliche Entwicklung auf Geldsendungen auf (vgl. Valenzuela 2010: 196). Für die Geldsendungen gibt es zwei Möglichkeiten: Den formellen Weg über internationale Banken oder Institute wie Western Union oder Moneygram, sowie das System des ‚hawala', bei dem Geldwerte über einen Mittelsmann auf informellem Weg übertragen werden (vgl. Valenzuela 2010: 197).

Über Immigranten aus Indien, die am zweithäufigsten vertretene Nationalität unter den Bierverkäufern, ist sowohl an quantitativem Datenmaterial wie an qualitativen Studien weitaus weniger verfügbar als über die Pakistaner. Das Verhältnis von regularisierten zu irregulären Indern in Barcelona schätzt Suárez auf 30 Prozent regularisierter zu 70 Prozent irregulärer Personen. Die Anzahl der in Barcelona ansässigen Inder betrug im Januar 2011 rund 5.700. Ihre Zahl hat sich in den letzten 10 Jahren damit vervierfacht. Die indische Population konzentriert sich auf die Stadtteile Raval und Sants-Montjuic, in denen zusammengenommen über ein Drittel der Inder wohnhaft ist (vgl. Departament d'Estadística de l'Ajuntament de Barcelona 2011). Die indischen Einwanderer in Barcelona sind fast ausschließlich der Religion Sikh[28] angehörig. Die Sikhs zeichnen sich durch hohen Fleiß und Streben nach wirtschaftlichem Erfolg aus, was viele von ihnen zur Emigration aus Indien antreibt. Sie fühlen sich von der Hindu-Mehrheit unterdrückt und sind unzufrieden mit ihrer politischen Situation, obwohl sie seit 2004 mit Manmohan Singh den Premierminister Indiens stellen.

Zu Beginn des Migrationsprozesses legen viele Sikhs ihre orthodoxen Praktiken ab, essen Rindfleisch, trinken Alkohol und rauchen Tabak. Bei einer später erfolgenden Familienzusammenführung hören sie damit jedoch wieder auf und finden zu ihren orthodoxen Praktiken zurück (Santos 2008: 8f.). Die drei wichtigsten Faktoren für die Auswahl Spaniens und speziell Barcelonas als Emigrationsziel sind: die Möglichkeit zur Regularisierung, ein bestehendes Netzwerk aus Landsleuten und die als gut eingeschätzten Chancen auf dem Arbeitsmarkt (Suárez 2011: 7f.). Neben dem ‚Call-/Pull-Effekt' sei jedoch auch die demographische Entwicklung in ihrer Heimatregion (‚Push-Effekt'[29]) ausschlaggebend für die Emigration: Durch die Aufteilung

---

28 *„Das Wort Sikh stammt vom punjabischen Verb ‚sikhna' ab, was ‚lernen' bedeutet. D.h. Sikhs sind Jünger Gottes, die den Schriften und Lehren der 10 Gurus des Sikhismus und natürlich des heiligen Buchs Guru Granth bzw. Guru Granth Sahib, das ebenso als Guru betrachtet wird, folgen. Der zehnte Guru, Guru Gobind Singh genannt, war zu Beginn des 18.Jahrhunderts derjenige, der die Ordnung der Gurus beschloss und alle Macht und Weisheit dem heiligen Buch verlieh. Der Sikhismus wurde im 15. Jahrhundert von Guru Nanak begründet, dessen Ziel eine Zusammenführung von Hinduismus und Islam war, in der er das Beste aus jeder Religion vereinen wollte. Ihr grundlegender Glaube besteht im Monotheismus, der Ablehnung des Kastensystems, der Demut und des Dienstes am Nächsten."* (Suárez 2011: 1).

29 Abstoßende Faktoren

der Felder vom Vater auf mehrere Söhne und die stark steigenden Bodenpreise wird die Landwirtschaft unrentabel.

Die indischen wie die pakistanischen Immigranten stammen zum größten Teil aus dem Punjab. „Der Punjab ist jeweils eine wohlhabende Region innerhalb von Pakistan bzw. Indien, der am weitesten verbreitete Wirtschaftssektor ist jedoch die Landwirtschaft und es gibt kaum Aufstiegsmöglichkeiten, wenn man nicht schon zur privilegierten Klasse gehört. Es fehlt ihnen die Perspektive für eine erlebnisreiche und in Wohlstand zu verbringende Zukunft" (Zapf 2012: 142). Dass aus der Kornkammer Punjab niemand vor dem Hungertod fliehen muss - abgesehen davon, dass die Person in diesem Fall kaum die notwendigen Geldmittel für die Emigration aufwenden könnte – zeigen Nachrichten wie: ‚Indien lässt Millionen Tonnen Getreide verrotten' (Spiegel 2012). Speziell in Pakistan sorgt die wirtschaftliche[30] und politische Lage jedoch für zunehmenden Unmut in der Bevölkerung, welche die jüngste unter den 15 bevölkerungsreichsten Ländern der Welt ist. Die Folge sei eine breite Masse an leicht beeinflussbaren jungen Männern[31] (Cohen 2004: 235). Die Unzufriedenheit mit der politischen und ökonomischen Situation ruft Radikalisierungstendenzen bzw. die Abwendung vom Heimatland hervor.

Zum Verständnis der asiatischen Immigration in Spanien sei die Einnahme einer transnationalen Perspektive notwendig, so Beltrán. Man müsse neben der Ursprungsland-Zielland-Korrelation auch die Beziehungen zu Bekannten, Verwandten und Freunden gleicher Herkunft mit Wohnsitz in anderen Ländern beachten (Beltrán 2010: 33). iN ähnlicher Weise äußert sich Tolsanas: „[...] Die Anlehnung an eine transnationale Perspektive hat es ermöglicht wahrzunehmen, dass [...] zahlreiche Immigrantengruppen sich in der Gesellschaft einbringen, deren Teil sie kürzlich geworden sind, ohne die Verbindung mit ihrer ursprünglichen Gesellschaft zu kappen" (Tolsanas 2007: 37). Die Lektüre der vorgestellten Sekundärliteratur, vor und während der Feldforschung, half bei der Entwicklung der Leitfäden für die Interviews und diente zur Überprüfung der aus den eigenen gesammelten Daten entwickelten Hypothesen zum migratorischen Aspekt des Straßenverkaufs.

2.2 Ökonomischer Aspekt

Valenzuela unterstreicht, dass der auf individueller Basis erwirtschaftete Erfolg für die emigrierten Pakistaner (ebenso für die Sikhs aus Indien) eine herausragende Bedeutung hat. Obwohl die Einwanderer pakistanischen Ursprungs über keine ausgeprägte Tradition des Unternehmertums verfügen, „zeigen Statistiken, dass der Unter-

---

30 Trotz eines durchschnittlichen Wirtschaftswachstums von 6 Prozent pro Jahr seit 1950 ist die Atommacht Pakistan in vielen Bereichen immer noch stark unterentwickelt. Im Jahr 2003 wurden 54 Prozent der Staatsausgaben für Verteidigungszwecke ausgegeben, 50 Prozent des BIP wird im informellen Sektor erwirtschaftet (vgl. Cohen 2004: 249).
31 Frauen nehmen im öffentlichen Leben Pakistans immer noch eine stark untergeordnete Rolle ein.

nehmergeist im pakistanischen Kollektiv stärker ausgeprägt ist als bei anderen Gruppen" (Valenzuela, 2010: 186).

Da über den informellen urbanen Sektor in wirtschaftlich hochentwickelten Ländern wie Spanien kaum Literatur vorhanden ist, wird verstärkt auf Studien aus Entwicklungsländern, speziell Lateinamerika, Bezug genommen. Anschließend wird der aktuelle Stand der spanischen Debatte über unternehmerische Praktiken von Immigranten dargestellt und eine Einordnung der Bierverkäufer darin angestrebt.

2.2.1 Der informelle urbane Sektor

In den Sozialwissenschaften, vornehmlich in der Soziologie und den Wirtschaftswissenschaften, wird seit den 1950er Jahren eine Trennung zwischen formellen und informellen Wirtschaftssektoren vorgenommen. Die in diesem Zusammenhang verwendeten Begriffe Schattenwirtschaft/Schwarzarbeit, Illegalität sowie informelle Wirtschaft sind nicht gleichzusetzen, sondern als eigenständige Konzepte zu verstehen, die sich in einigen Bereichen überschneiden. Klare, einheitliche Definitionen sind kaum vorhanden. Erschwerend kommt hinzu, dass der Begriff ‚informeller Sektor' vornehmlich von Soziologen verwendet, von den Wirtschaftswissenschaftlern hingegen der Begriff ‚Schattenwirtschaft' bevorzugt und ‚Informalität' nur am Rand erwähnt wird. Das Institut für angewandte Wirtschaftsforschung in Tübingen definiert Schattenwirtschaft folgendermaßen:

> „Unter Schattenwirtschaft ist zum einen Schwarzarbeit zu verstehen, das bedeutet Tätigkeiten, die im Prinzip auch legal ausgeübt werden könnten, die jedoch den öffentlichen Stellen nicht gemeldet werden, damit keine Steuern und Sozialbeiträge gezahlt werden müssen. Hinzu kommt die illegale Beschäftigung (insbesondere illegale Arbeitnehmerüberlassung und illegale Ausländerbeschäftigung). Ferner werden durch den Begriff der Schattenwirtschaft auch kriminelle Aktivitäten wie Hehlerei, Drogenhandel, Betrug, Schmuggel oder Menschenhandel erfasst" (Institut für angewandte Wirtschaftsforschung e.V. 2011: 2).

Informalität ist laut Komlosy zunächst einmal einfach „eine spezifische Form, die Produktion von Gütern und Dienstleistungen zu organisieren. Diese zeichnet sich [...] durch das Fehlen etablierter, allgemeingültiger, institutioneller und zumeist staatlich garantierter Regulierungen aus" (Komlosy et al. 1997: 21). Während demzufolge illegale Aktivitäten immer auch informeller Natur sind, gilt der Umkehrschluss informell gleich illegal nicht in jedem Fall. Nach Sassen umfasst die informelle Ökonomie solche Tätigkeiten, die außerhalb des Rahmens öffentlicher Regulierung erbracht werden, während vergleichbare Tätigkeiten auch innerhalb des Rahmens erfolgen. Aufgrund der variierenden Grenzen staatlicher Regulierung, etwa durch Gesetzesänderungen, sei die informelle Ökonomie kein eindeutig definierbarer Sektor (vgl. Sassen 1997: 235ff.). Der informelle Sektor ist häufig nur in Abhängigkeit zum formellen Sektor zu verstehen und in vielfältiger Weise mit diesem verknüpft. Frauke Kraas von der Universität Köln nennt in einem Interview als Kennzeichen des informellen Sektors speziell in Städten: Fehlende soziale Absicherung, fehlende Arbeitsrechte und -regeln, kleinbetriebliche Strukturen, geringe Kapitalverfügbarkeit, geringe und unsichere Umsätze und Gewinne (vgl. Kraas 2005).

Teichert hingegen schreibt aus der soziologischen Perspektive über die informelle Ökonomie als notwendigem Bestandteil der formellen Erwerbswirtschaft: „Als informell werden im Weiteren nur solche Bereiche der Volkswirtschaft charakterisiert, in denen gesetzlich erlaubte Aktivitäten stattfinden, nicht-monetäre Austauschprozesse dominieren, in denen die Autonomie und Motivation der menschlichen Arbeit betont wird und das subsistenzwirtschaftliche Kriterium überwiegt" (Teichert 2000: 6). Die Schattenwirtschaft sieht Teichert als Teilbereich der formellen Wirtschaft und rechnet sie damit nicht zur informellen Ökonomie, da sie rein zur Erwirtschaftung eines zusätzlichen, steuerfreien Einkommens neben der legalen Erwerbstätigkeit diene. Zur informellen Ökonomie gehören seinem Verständnis nach ausnahmslos legale Bereiche: Haushaltswirtschaft (wie etwa Erziehung, Krankenpflege), Selbstversorgungswirtschaft (Gartenarbeiten, handwerkliche Eigenleistungen) und Selbsthilfeökonomie (Nachbarschaftshilfe, ehrenamtliche Tätigkeiten) (vgl. Teichert 2000: 23ff.).

Aufgrund der Unschärfen und Widersprüche in der Verwendung des Begriffs informeller Sektor, sowohl intra- wie interdisziplinarisch, wird auf die Sichtweise von Castells und Portes zurückgegriffen:

> "The informal economy is a common-sense notion whose moving social boundaries cannot be captured by a strict definition without closing the debate prematurely. This is why we need, first, to refer to the historical realities connoted by the theme, and to understand it as a process, rather than as an object" (Castells & Portes 1989: 11).

Die Bedingung für das Bestehen der informellen Ökonomie liege in der Regulierung wirtschaftlicher Aktivitäten durch den Staat. Je regulierter eine Marktwirtschaft sei, desto höher seien die Anreize, in die informelle Ökonomie auszubrechen. Das Konzept der informellen Ökonomie habe eine Spannweite vom Straßenverkäufer in Lateinamerika bis zum schwarzarbeitenden IT-Berater im Silicon Valley (vgl. Castells & Portes 1989: 11). In Abbildung 4 zeigen Castells und Portes mögliche Verbindungen zwischen formellen, informellen und kriminellen/illegalen Aktivitäten auf. Beim unlizenzierten Straßenverkauf verhält es sich folgendermaßen: Die erbrachte Dienstleistung ist gesetzeswidrig, während das verkaufte Produkt - mit Ausnahme von Drogen, Produktfälschungen oder Raubkopien - in der Regel legal ist. Pfeil B in Abbildung 4 zeichnet den Weg eines Produkts oder einer Dienstleistung des informellen Sektors zum Endkunden nach.

Ökonomischer Aspekt 31

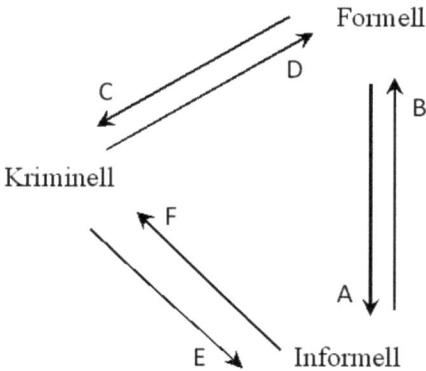

A: staatliche Eingriffe, Konkurrenz durch große Firmen, Kapital- und Technologiequellen
B: günstigere Konsumgüter und industrieller Input, flexible Arbeitskraftreserve
C: staatliche Eingriffe und Störungen, Einfuhr bestimmter überwachter Güter
D: Korruption, Bestechungsgelder für Schlüsselpersonen in staatlichen Stellen
E: Kapital, Güternachfrage, neue Möglichkeiten zur Erwirtschaftung von Einkommen
F: billigere Güter, flexible Arbeitskraftreserve

Abbildung 4: Arten wirtschaftlicher Aktivität, Definitionen und Beziehungen (vgl. Castells & Portes 1989: 14)

Der dualistische Ansatz aus den 70er Jahren, kommuniziert von der International Labour Organisation ILO, sieht den informellen Sektor als Vorläufer des formellen Sektors. Mit zunehmendem Entwicklungsgrad in einem Land werde der informelle Sektor verdrängt. Die beiden Sektoren sind weitestgehend nicht voneinander abhängig. Als jedoch ein Fortbestehen oder sogar ein Ausbau des informellen Sektors trotz anhaltender wirtschaftlicher Weiterentwicklung zu beobachten war, entwickelten Portes und Castells den strukturalistischen Ansatz, der von einer starken Interdependenz der Sektoren ausgeht. Der formelle Sektor brauche informell erzeugte Güter, um im Wettbewerb bestehen zu können. Ebenso ist der informelle Sektor auf Leistungen aus der formellen Wirtschaft angewiesen. Die Sektoren können also vernünftigerweise nicht getrennt voneinander betrachtet werden. Der legalistische Ansatz von de Soto sieht die Begründung für die Existenz des Informellen in der komplexen Gesetzeslage, die Ausweichvorgänge nach sich zieht. Für einige Bereiche wäre eine Formalisierung entsprechend der geltenden Regularien zu kompliziert, kostspielig oder aufwendig. De Soto begründet hiermit speziell das Bestehen des informellen urbanen Sektors in Entwicklungsländern (vgl. de Soto 2005).

Abbildung 5: Ökonomisch relevante Themengebiete des Straßenverkaufs von Dosenbier ohne Genehmigung (Autor)

Der untersuchte Straßenverkauf von Dosenbier ohne Genehmigung fällt per Definition in den Bereich der Schattenwirtschaft, da keine Steuern abgeführt werden.[32] Er ist ebenso Teil des informellen urbanen Sektors, da er sich der staatlichen Regulierung entzieht. Der Verkauf stellt außerdem eine Dienstleistung dar, die vom Straßenverkäufer erbracht wird. Aufgrund der fehlenden Systematik im Bereich des Straßenverkaufs, speziell für die wirtschaftlich hochentwickelten Länder, wurde Abbildung 5 erstellt, welche die zusammenhängenden ökonomischen Themengebiete beim Bierverkauf illustriert.

Zusammenfassend werden der informelle Sektor und die Schattenwirtschaft nicht als kongruente Bereiche angesehen, sondern als eigenständige Konzepte aufgefasst, die u.a. beim Thema des ambulanten Dosenbierverkaufs ohne Genehmigung eine Schnittmenge, symbolisiert durch die Bierdose, aufweisen. Die Betrachtung der Bierverkäufer als Dienstleister, bzw. im weiteren Sinne als Unternehmer, steht im Vordergrund des nächsten Kapitels.

2.2.2 Der unternehmerische Immigrant in Spanien

Seitdem, wie in Kapitel 2.1.1 geschildert, in den 1990er Jahren, die Einwandererzahl in Spanien stark zugenommen hat, erhöhte sich auch die Zahl der wissenschaftlichen

---

32 In den Wirtschaftswissenschaften sollte jedoch die Verwendung des Begriffs ‚Schattenwirtschaft' überdacht werden: Der Bierverkauf, wie jedwede Form von Straßenverkauf, findet keineswegs versteckt im Schatten, sondern völlig sichtbar im öffentlichen Raum statt.

Untersuchungen zur Immigration. Ein eigenes Untersuchungsfeld stellt die wirtschaftliche Aktivität von Immigranten im Zielland dar. Aufgrund der durch den Migrationshintergrund unterschiedlichen Voraussetzungen entwickeln Einwanderer oftmals abweichende Strategien im Vergleich zu den einheimischen Unternehmern. Ob und in wie weit die Bierverkäufer als ethnische Unternehmer aufzufassen sind, wird in Kapitel 4.2 geklärt. Als Vorannahme wird jedoch von keinem formellen Beschäftigungsverhältnis ausgegangen. Zudem legt die in sich ethnisch geschlossene Verkäufergruppe den Schluss nahe, dass der Status als Immigrant einen wichtigen Einfluss auf die ausgeübte Tätigkeit nimmt. Durch die erfolgreiche Migration erfolgt gewissermaßen schon eine Vorauswahl an erfolgreichen Unternehmern: „Von Immigration und Unternehmertum zu sprechen ist fast schon ein Pleonasmus, da das eigene, internationale Migrationsprojekt schon ein unternehmerisches Ereignis und eine Unternehmung ist, die nur wenigen gelingt" (Parella & Cavalcanti 2008: 133).

Parella und Cavalcanti teilen unternehmerischen Aktivitäten von Immigranten gemäß Abbildung 6 ein. In keiner der Kategorien von Parellas und Cavalcantis Typologie werden Straßenverkäufer mit Migrationshintergrund erwähnt. Beim Straßenverkauf handelt es sich um eine Art von Unternehmertum, das sich speziell an Einheimische und Touristen wendet, dabei jedoch kein exotisches Produkt vertreibt, sondern eine auf lokale Bedürfnisse zugeschnittene Dienstleistung offeriert. Am passendsten für den Straßenhandel erscheint deshalb die letzte Kategorie der ‚generalistischen Unternehmen'.

Ausrichtung des Unternehmens	Verortung	Arbeitskräfte	Nationales/ internationales Profil	Publikum/ Konsumenten
Ethnische Orientierung (Zeitungen, Bäckereien, Halal-Metzgereien,...)	Einzugsgebiet der Immigranten	Mehrheitlich Immigranten	Beförderung der transnationalen Beziehungen	Mehrheitlich Immigranten
Zirkuläre Unternehmen (Callshops, Nachrichtenübermittlung, Geldsendung,...)	Einzugsgebiet der Immigranten	Mehrheitlich Immigranten	Beförderung der transnationalen Beziehungen	Mehrheitlich Immigranten
Spezialisierung auf die eingewanderte Bevölkerung. Angebot von Dienstleistungen oder Gütern für Landsleute oder Migranten im Allgemeinen (Immobilienmakler, Rechtsberatung, NGO's,...)	Einzugsgebiet der Immigranten	Einheimische, Immigranten und andere Ausländer	Ausrichtung am Einwanderungsland	Einheimische, Immigranten und andere Ausländer

Ausnutzen der Exotik des Ethnischen für ein breites Publikum (Restaurants, Kunstgewerbe, alternative Behandlungsmethoden,...)	Sektorielle Anordnung, je nach Produkt	Einheimische, Immigranten und andere Ausländer	Ausrichtung am Einwanderungsland	Einheimische, Immigranten und andere Ausländer
Generalistische Unternehmen (Bars, Informatik- und Elektronikläden, Bauunternehmen, Supermärkte,...)	Sektorielle Anordnung, je nach Produkt	Einheimische, Immigranten und andere Ausländer	Ausrichtung am Einwanderungsland	Einheimische, Immigranten und andere Ausländer

Abbildung 6: Typologie der von Immigranten geführten Unternehmen in Spanien (Parella & Cavalcanti 2008: 136)

Solé unterscheidet drei Arten von Entrepreneuren bei den Immigranten. Die Vertreter der ersten Kategorie kommen bereits aus einem unternehmerischen Hintergrund und verfügen über finanzielle Mittel. Das sei bei der Mehrheit der pakistanischen[33] und chinesischen Unternehmer der Fall.

Ein weiterer Typus umgeht die Schranken, die sich im Zielland für sie beispielsweise durch fehlende Anerkennung ihrer Qualifikation für ein Beschäftigungsverhältnis ergeben, mit der Gründung des eigenen Unternehmens. Diese Personen verfügen meist über einen höheren Bildungsabschluss. Die dritte Kategorie bildet ein Immigrantenprofil mit niedrigem Bildungsniveau und fehlender unternehmerischer Erfahrung, das ‚Geschäfte aus Notwendigkeit' betreibt. Die unternehmerischen Aktivitäten werden als sofortige, komplementäre Einnahmequelle ohne mittel- oder langfristige unternehmerische Perspektive wahrgenommen (vgl. Solé et al. 2007: 176).

Von Beltrán wird diese Aktivität auch mit ‚Zuflucht suchend' umschrieben. Die fehlenden Möglichkeiten in der bestehenden ökonomischen Struktur und die Diskriminierung von ausländischen Arbeitern nötige sie zum Unternehmertum, um überleben und sich weitentwickeln zu können. Dieses Unternehmertum aus Notwendigkeit sei jedoch bei den asiatischen Einwanderern nicht die Regel. Die selbstständig Tätigen seien dies nicht aus Notwendigkeit, sondern aus freien Stücken heraus (vgl. Beltrán 2010: 33).

2.3 Vergleichbare Studien

Literatur zum Thema Straßenhandel ist für einen fachfremden Forscher schwer zugänglich, da sie kaum öffentliche Aufmerksamkeit findet. Erst im Laufe der Literaturrecherche und der Feldforschung kristallisierten sich einige ähnlich gelagerte Studien und anschaulich dokumentierte Forschungen heraus. Da es sich beim Bierverkauf, wie beschrieben, um eine Kombination aus verschiedenen Themenfeldern (irreguläre Immigration, Schattenwirtschaft, informeller urbaner Sektor, Dienstleistung,

---

33 Die Ergebnisse der vorliegenden empirischen Studie stehen dieser Annahme entgegen.

Illegalität) handelt und beim Verfasser kaum wissenschaftliches Vorwissen auf den Gebieten vorhanden war, wurde zunächst sehr breitflächig recherchiert. Ökonomische Betrachtungen werden, wenn überhaupt durchgeführt, nicht auf globaler, sondern nur auf lokaler Ebene vorgenommen. Eine Wertung und Parteinahme für die Verkäufer von Seiten der Autoren ist in den Beiträgen klar erkennbar: Oft stehen die staatlichen Stellen wegen ihres rigorosen Vorgehens gegen die Straßenverkäufer im Zentrum der Kritik. Es fehlt eine neutrale, wissenschaftliche Einschätzung zu Ursachen, Verbreitung und den wirtschaftlichen Aspekten des Straßenverkaufs. Da die Lektüre der Vergleichsliteratur erst nach Durchführung der Feldforschung erfolgte, wurde die vorliegende Studie hierdurch nicht beeinflusst. Es fand jedoch ein nachträglicher Abgleich der angewandten Methodiken und eine ‚Ex-post-Qualitätskontrolle' statt. Ohnehin sollte das Phänomen Dosenbierverkauf nicht primär unter dem Gesichtspunkt des Straßenverkaufs, sondern anhand seiner individuellen Merkmale und volkswirtschaftlichen Bedeutung zunächst eigenständig betrachtet werden. Deshalb wird unter den Vergleichsstudien auch Forschung außerhalb des Themengebiets Straßenhandel angeführt.

2.3.1 Englischsprachiger Raum

Laut Noa Ha, deren Studie in Kapitel 2.3.2 vorgestellt wird, gibt es derzeit zwei englischsprachige Bücher, die den aktuellen Forschungsstand zum Thema Straßenhandel wiedergeben: ‚Street Entrepreneurs: People, Place and Politics in Local and Global Perspective' von Cross und Morales sowie ‚Street Vendors in the Global Urban Economy' von Bhowmik. Beide Werke beinhalten Studien über den Straßenhandel weltweit. Die Forschungsarbeiten stammen jedoch fast ausschließlich aus den Metropolen von Entwicklungsländern, was einen direkten Vergleich mit der vorliegenden, in Barcelona situierten Studie schwierig macht. Weitere Forschungsarbeiten sind auf spezielle Themen wie Raumnutzung oder juristische Aspekte ausgerichtet. Eine in den USA angesiedelte, hier beispielhaft angeführte Studie bildet ‚Legal responses to sidewalk vending. The case of Los Angeles, California'. Der Autor Gregg W. Kettles verbindet die Zunahme des Straßenhandels in Los Angeles kausal mit der Immigration, v.a. aus den lateinamerikanischen Ländern, sowie mit der allgemeinen Konjunkturlage. Die Verkäufer brächten ihre Geschäftspraktiken häufig schon aus ihren Heimatländern mit.

> „They are not vending to get rich. They are vending to survive. [...] Given the cyclical nature of economic growth, there will always be periods in which there are large numbers of people who lose their jobs in the formal economy. For many, sidewalk vending is a way to survive an economic downturn" (Kettles 2007: 62).

Die These über die aus der Entwicklung des formellen Wirtschaftssektors resultierenden Folgen für den informellen Sektor wird von Kettles jedoch nicht empirisch belegt.

Grundlagenmethodisch inspirierend für die vorliegende Studie war eines der ersten Werke zur teilnehmenden Beobachtung, die ‚Street Corner Society' von William F. Whyte. In seiner Studie, die der 23-jährige Autodidakt und studierte Wirtschaftswissenschaftler von 1936 an durchführte, untersuchte Whyte die Sozialstruktur eines Italienerviertels in Chicago. Auf eigene Faust erschloss er sich das Feld und schaffte es, ein Vertrauensverhältnis zu den Personen dort aufzubauen. Seine für die damalige Zeit unkonventionelle Vorgehensweise ermutigt dazu, es ‚auf die eigene Art' zu versuchen. Die Ethnographie hat sich seitdem weiterentwickelt und der damals innovative Ansatz der teilnehmenden Beobachtung gehört heute zum Standardrepertoire qualitativer empirischer Sozialforschung.[34] Eine aktuellere, im positiven Sinne ähnlich ‚hemdsärmelig' durchgeführte Studie ist Sudhir Venkateshs ‚Gangleader for a day'. Venkatesh untersuchte über sechs Jahre hinweg ethnographisch eine Drogenbande und baute zu ihrem Anführer ein persönliches Verhältnis auf. Die ökonomische Interpretation seiner Studienergebnisse ermöglicht das Aufzeigen unerwarteter Kausalitätsbeziehungen bei volkswirtschaftlichen Phänomenen (unter anderem, warum der Großteil der Drogendealer noch bei ihren Müttern wohnt). Unter Mithilfe der Mikroökonomen Levitt und Dubner kam bei der Auswertung seines Datenmaterials heraus, dass die einfachen Straßendealer nur etwa 3,30$ pro Stunde verdienen und deshalb vorwiegend aus wirtschaftlicher Not bei ihren Müttern wohnen. Die wirtschaftswissenschaftliche Analyse Venkateshs ethnographisch gesammelter Daten konnte Licht ins Dunkel eines Feldes bringen, über das von ökonomischer Seite her sonst nur vage Schätzungen abgegeben hätten werden können.

Farbige Zeitschriften- und Buchverkäufer sowie Bettler in New York City thematisiert die Studie ‚Sidewalk' von Mitchell Duneier. Das Buch verfügt über einen detailliert gestalteten, selbstkritischen und praxisnahen Methodenteil. Duneier zeigt hierin, wie er durch die Freundschaft mit einem der angesehensten Verkäufer schließlich das Vertrauen der anderen Verkäufer gewinnen konnte. Zudem veranschaulicht er den Forschungsprozess in einem Umfeld, in dem mit viel Geduld und Vorsicht gearbeitet werden muss. Um verlässliche Daten sammeln zu können, sollte das Gesehene und Gehörte regelmäßig kritisch hinterfragt werden. Als Mittel der Qualitätssicherung lud Duneier jeden der im Buch vorkommenden Protagonisten zum Redigieren des Textes ein. Er las ihnen ihre Zitate und ganze Passagen vor, und bat um ihre Zustimmung oder die Korrektur des Beschriebenen. Hierdurch erhält das Buch eine Authentizität, wie sie in anderen Langzeitethnographien selten zu finden ist.

2.3.2 Deutschsprachiger Raum

Im deutschsprachigen Raum konnten kaum empirische Studien über Bereiche der informellen Wirtschaft oder den Straßenverkauf im Speziellen gefunden werden.[35] Es

---

34 Als weitere innovative und inspirierende historische Studie lässt sich ‚Die Arbeitslosen von Marienthal' von Jahoda, Lazarsfeld und Zeisel aus dem Jahr 1933 anführen.
35 Die Literatur konzentriert sich nach Meinung des Verfassers an zwei extremen Polen: Investigativem Journalismus im Stile eines Günther Walraff und theorielastigen Veröffentlichungen, hinter denen das eigentliche Datenmaterial kaum mehr zum Vorschein kommt.

gibt einige Veröffentlichungen über irreguläre Immigranten in Deutschland, in denen jedoch nicht näher auf wirtschaftliche Aspekte eingegangen wird. Verwiesen sei hier auf die zahlreichen Arbeiten von Jörg Alt und auf die Studie ‚Illegal anwesende und illegal beschäftigte Ausländerinnen und Ausländer in Berlin. Lebensverhältnisse, Problemlagen, Empfehlungen' von Alscher, Münz und Özcan. Letztere prangern das unreflektierte Zitieren von Zahlenangaben durch Politik und Medien an: Die öffentlich kursierende Bandbreite von 100.000 bis 1.000.000 irregulär aufhältiger Personen in Deutschland zeige das Unwissen in diesem Bereich deutlich auf.

> „Problematisch sind solche Schätzungen, weil sie in der Regel nicht plausibel machen können, auf welchen Annahmen sie basieren und wie sie zustande kommen. Überdies besteht die Tendenz, bereits publizierte Schätzungen als ‚Quellen' zu behandeln, ohne dass diese durch mehrfache Zitation an Substanz gewinnen" (Alscher et al. 2001: 4).

Der Tenor der Literatur über irreguläre Immigration in Deutschland ist eine grundsätzliche Kritik an der aktuellen Migrationspolitik in Deutschland, anschauliche Beispiele hierfür sind jedoch rar. Eine Ausnahme bildet die Studie von Sandra Bucerius über den illegalen Drogenhandel einer Gruppe von Migrantenjugendlichen. Durch einen Nebenjob in einer sozialen Einrichtung kommt die Autorin mit zahlreichen Straßendealern in Frankfurt in Kontakt. Bucerius konstatiert

> „die Tatsache, dass die Jugendlichen zwar sehr bewusst versuchen, ein gutes Einkommen zu erzielen, allerdings neben der Einnahme im Drogenhandel keine andere realistische Einnahmemöglichkeit für sich sehen. Der Drogenhandel erscheint ihnen subjektiv die einzige akzeptable Möglichkeit, genügend Einkommen zu erzielen" (Bucerius 2008: 225).

Zudem konnte Bucerius Unterschiede im Umgang mit den Einnahmen bei den Immigranten verschiedener Herkunft ausmachen. Während viele das Geld einfach verprassten, schickten es die albanischen Jugendlichen regelmäßig an ihre Verwandten in der Heimat. Die Familien verwendeten das Geld dann Hausbau oder Autokäufe (vgl. Bucerius 2007. 228).

Noa Ha untersuchte Straßenhändler in Berlin anhand ihrer rechtlichen Situation. Der Fokus liegt bei Ha auf der vielfältigen Nutzung des öffentlichen Raums für Verkaufsaktivitäten. Als Fazit schlägt sie die Gründung einer Agentur vor, welche zwischen Politikern und Straßenhändlern vermitteln soll. Aufgrund des fehlenden Organisationsgrades auf Seiten der Händler stehen diese dem Staat machtlos gegenüber[36] (vgl. Ha 2009).

Aus dem Jahr 1996 stammt der Artikel ‚Informelle Überlebensökonomie in Berlin: Annäherung der deutschen Hauptstadt an Wirtschaftsformen der Dritten Welt.' von Susanne Butscher. Die Autorin merkt gleich zu Beginn an, dass theoretische Analysekategorien, die eigentlich für den informellen urbanen Sektor in Entwicklungsländern gedacht sind, die Berliner Situation weitaus besser erfassen als hiesige

---

36 Aktuelle Informationen über den informellen Straßenhandel weltweit finden sich im Blog von Noa Ha unter http://streetvendor.wordpress.com/.

Erklärungsansätze (Butscher 1996: 2). Eine der Ursachen für Informalität seien die Migranten, die sich durch informelle Tätigkeiten ihr Überlebenseinkommen erwirtschafteten. Butschers Forschungsfragen sind ähnlich formuliert wie die der vorliegenden Studie über die Bierverkäufer. Butscher legt zunächst die Charakteristika der in sich recht homogenen Gruppen der Autoscheibenputzer, Schmuckverkäufer und Snackvertreiber dar. Sie stellt die Anforderungsprofile für die jeweilige Tätigkeit heraus und gibt die Organisationsform, die Einstiegshürden und die Verdienstmöglichkeiten an. Den untersuchten Personen schreibt sie einen ausgeprägten Geschäftssinn und eine gute Kenntnis der potenziellen Kundenstruktur zu. Großorganisationen, wie es diese laut Medien bei Zigarettenschmuggel und Rosenverkauf gebe, konnte Butscher nicht entdecken (vgl. Butscher 1996: 23). Eine vollständige ethnische Schließung innerhalb der Verkäufergruppen gibt es ihr zufolge nicht, es dominieren jedoch stets bestimmte Ethnien: Polen das Autoscheibenwischen, Südamerikaner den Schmuckverkauf und anglophone Einwanderer den Snackverkauf.

2.3.3 Spanischsprachiger Raum

Über die Forschung zu unternehmerischen Immigranten in Spanien wurde bereits in Kapitel 2.2.2 ausführlicher berichtet, weshalb an dieser Stelle nur auf die mit der vorliegenden Studie vergleichbaren Untersuchungen eingegangen wird. Einen transnationalen Immigrationscharakter stellt Gómez Martín bei den kurdischen Kebabladenbesitzern fest. Diese seien untereinander so gut vernetzt, dass sie schnell von sich ergebenden Geschäftsmöglichkeiten erführen und sogar Personal über Ländergrenzen hinweg austauschten. Im Falle der Kurden sei die Emigration oft wirtschaftlich motiviert. Das sich um den Kebabverkauf bildende soziale Netzwerk untereinander sei für die wirtschaftliche Eingliederung in Spanien zudem fundamental (Gómez 2012: 122).

Die Geschäftspraktiken und Hintergründe der senegalesischen Einwanderer in Barcelona untersuchte Papa Sow. Er konzentriert sich auf die sogenannten „Top-Manta"[37]-Verkäufer, die mit ihren auf Tüchern ausgebreiteten Sonnenbrillen, Handtaschen oder CDs das Stadt- und Strandbild in vielen südeuropäischen Metropolen prägen.

Die ‚Moodu-Moodu' genannten Händler bringen Sow zufolge die Tradition des ambulanten Handels oft schon aus ihrem Heimatland mit. Sie wohnen und kochen gemeinsam und werden vom sozialen Netzwerk am Zielort aufgenommen. Viele der in Katalonien tätigen Verkäufer haben zudem zuvor in anderen Teilen Spaniens oder Europas gearbeitet. Ihre Ware kaufen sie bei chinesischen Großhändlern in den Vororten ein. Die wirtschaftlichen Hauptziele bestehen in der Gewinnmaximierung und dem Aufbau eines festen Kundenstamms. Die ersten Dinge, die ein Neuankömmling deshalb lernt, sind: grundlegende Ausdrücke für die Anpreisung des Produkts, den

---

37 Wörtlich: auf der Decke.

Gebrauch des Geldes und danach weitere für den Handel nützliche Redewendungen (vgl. Sow 2004: 6).

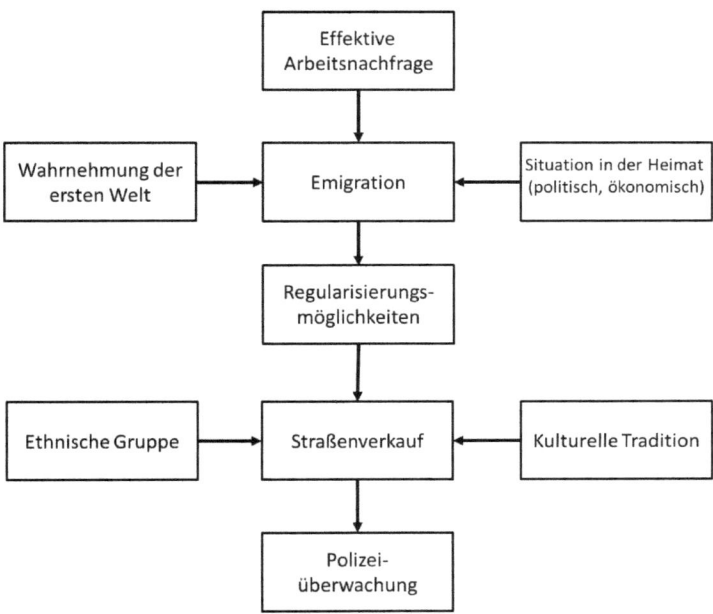

Abbildung 7: Einflussgrößen auf den Straßenverkauf in Barcelona (vgl. Molina & Diaz 2006: 190)

Den Straßenhandel in Barcelona erforschte ein Team um José Luis Molina und Aurelio Diaz von der Universitat Autònoma de Barcelona im Jahr 2001. Sie unterscheiden vier Motivationsarten für die Durchführung des Straßenhandels: als Aktivität der Zuflucht für irreguläre Immigranten, als zusätzliche Einkommensquelle, als saisonale Betätigung und als Verkaufskanal für illegale Produkte. Der Verkauf durch die auf zwischen 800 und 1.000 geschätzten Verkäufer sei weder großflächig organisiert noch wirtschaftlich attraktiv. Der Akt des Verkaufs habe einen einmaligen Charakter: Der Kauf erfolgt allein aufgrund räumlicher Nähe und des günstigen Preises. Es gibt weder vorher noch nachher eine Interaktion mit dem Verkäufer (Molina & Diaz 2006: 182). 38 Prozent der beobachteten Verkäufer in Barcelona waren Inder oder Pakistaner, die den Verkauf als Überlebensmechanismus benutzen und als für sie beste Alternative aus den irregulären Einwanderern offenstehenden Möglichkeiten gewählt haben. In Abbildung 7 zeigen Molina & Diaz die aus ihrer Sicht entscheidenden Einflussgrößen des Straßenverkaufs auf, kombiniert mit dem Themenkomplex der Immigration.

Die treibenden Kräfte sind dem Schaubild zufolge die Nachfrage nach Arbeitskräften im potenziellen Zielland, sowie an zweiter Stelle die Möglichkeiten zur Regularisierung, d.h. zur Erlangung einer Aufenthalts- und Arbeitsgenehmigung vor Ort.

2.4 Forschungslücke – Warum Ethnographie?

Die vorangestellten Kapitel gaben einen Überblick über den Forschungsstand auf den in den ambulanten Bierverkauf hineinspielenden Themengebieten. Da keine Studie über das Phänomen selbst bekannt ist, wurde auf Basis eigener Auswahlkriterien Literatur recherchiert und ein Bezug zum Forschungsthema hergestellt. Das Fehlen eines geeigneten Literaturüberblicks und die teils unklare Begriffslage - beispielhaft der Begriff ‚Informalität' - erschwerten zu Beginn die Systematisierung der vorgefundenen Quellen.

Zum Straßenverkauf in entwickelten Ländern ist, im Gegensatz zum informellen Sektor in Entwicklungsländern, in den letzten Jahren vergleichsweise wenig Forschung betrieben worden. Der informelle urbane Sektor mit seinen archaisch anmutenden Verkaufspraktiken schien nicht mehr in die moderne Großstadt zu passen. In Barcelona erfreut er sich jedoch größter Beliebtheit, mit in den letzten 20 Jahren stark angestiegenen Verkäuferzahlen.[38] Als Ursache konnte die irreguläre Einwanderung identifiziert werden, deren Umfang wiederum von mehreren Größen abhängig ist: von der Situation im Ursprungsland, den wahrgenommenen Chancen im Zielland und der Rechtslage für irreguläre Immigranten.

Die Hintergründe des Bierverkaufs sowie der Großteil der vorab formulierten Fragestellungen können nicht allein anhand von ähnlich gelagerten Studien oder theoretischen Konzepten erklärt werden. In der spanischen Debatte über wirtschaftliche Aktivitäten von Immigranten dominiert die Untersuchung von Unternehmern des formellen Sektors. Die sogenannten ‚Unternehmer aus Notwendigkeit', denen die Bierverkäufer zuzurechnen sind, fristen in der Literatur ein Schattendasein. Mit dem Kollektiv der Senegalesen auf Grundlage der Forschung von Sow könnte man die Verkaufspraxis der Lateros nur dann vergleichen, wenn die Pakistaner und Inder empirisch belegbar ebenfalls auf in ihrer Heimat gemachte Erfahrungen im Straßenhandel zurückgreifen würden. Ob die Bierverkäufer ähnlich transnational vernetzt sind wie die ‚Top-Manta'-Händler oder die kurdischen Kebabladenbesitzer, könnte ebenso nur durch empirische Forschung geklärt werden. Gleiches gilt für den vermuteten Zusammenhang zwischen rechtlichem Aufenthaltsstatus und der Durchführung von unlizenziertem Straßenverkauf. Mehrere empirische Sozialforscher aus Barcelona versicherten in Gesprächen, dass der Bierverkauf bisher noch nicht wissenschaftlich

---

38 Siehe Anhang 2.9 unter www.springer.com auf der Produktseite dieses Buches: Jordi Vilasaló, Pressechef der Guardia Urbana, gibt im Interview die Durchführung der olympischen Spiele 1992 als Startpunkt des großflächigen Straßenverkaufs in Barcelona an.

untersucht worden sei. Außer oberflächlich gehaltenen Reportagen und Zeitungsartikeln förderte die Literaturrecherche keine weiterführenden Informationen über die Bierverkäufer zutage.[39]

Eines der Hauptziele der Studie war es, den wirtschaftlichen Aspekt des Bierverkaufs zu untersuchen und dafür belastbares Zahlenmaterial zu recherchieren. Dieses war jedoch weder über Literaturrecherche noch über veröffentlichte Statistiken bzw. Experteninterviews zu erhalten. Für viele Wirtschaftswissenschaftler wäre an dieser Stelle die Datensuche ergebnislos beendet. Alternativlösungen sind die Bildung von Modellen oder die Durchführung von Experimenten. Für die Aufstellung eines Modells gab es jedoch zu wenige gesicherte Erkenntnisse oder Vergleichsfälle, und ein Experiment erschien aufgrund des komplexen Gesamtkontextes nicht aussichtsreich zur Gewinnung realitätsnaher Ergebnisse. Aus den genannten Gründen konnte in der Aufarbeitung des Forschungsstandes in den Kapiteln 2.1 bis 2.3 keine einzige qualitative Studie mit wirtschaftswissenschaftlicher Fragestellung vorgestellt werden.

Friedrich Schneider, einer der wenigen wirtschaftswissenschaftlichen Forscher auf dem Gebiet der Schattenwirtschaft im deutschsprachigen Raum, beschränkt sich in seinen Studien auf rein makroökonomische Aussagen. Mit den von ihm angewandten Methoden können langfristige nationale und internationale Trends untersucht werden. Sie sind jedoch nicht zur Erforschung der sich flexibel den lokalen Rahmenbedingungen anpassenden Tätigkeiten des informellen urbanen Sektors geeignet, die nach Schneiders Definition ebenso der Schattenwirtschaft zuzurechnen wären. Die direkten Ansätze, die Schneider zur Datenerhebung einsetzt, umfassen Umfragen sowie durch Steuerschätzungen entdeckte Betrugsdelikte. Die so gewonnenen Daten hohen Detailierungsgrades dienen ihm als untere Grenze für die Schätzung des Umfanges der Schattenwirtschaft. Zu den indirekten Methoden gehören bei Schneider: der Unterschied zwischen Statistiken von nationalen Ausgaben und nationalem Einkommen, der Unterschied zwischen offiziellem und tatsächlichem Arbeitskräfteangebot, der Ansatz über getätigte Transaktionen und Geldfluss (Fisher'sche Verkehrsgleichung), die Nachfrage nach Fremdwährung sowie die Methode zur Berechnung über die Differenz des erwarteten zum tatsächlichen Stromverbrauch. In diese Modellansätze geht jeweils eine Vielzahl von Ungenauigkeiten ein und die Berechnungen ergeben große Unterschiede. Der von Schneider genannte Anteil der Schattenwirtschaft pro Land[40] ist dann der Mittelwert aus mehreren Modellrechnun-

---

39 Reportagen: http://current.com/groups/on-current-tv/88847344_pakistanis-in-spain.htm; Auswahl Zeitungsartikel: http://www.arena-info.com/index.php?id=8&tx_ttnews[tt_news]=12426&cHash=c3c9e745d058b08c72a6bf20d82083ed,
http://www.lavanguardia.com/sucesos/20110922/54220191565/cae-una-banda-de-traficantes-de-droga-que-utilizaban-la-venta-de-latas-para-captar-clientes.html,
http://www.elperiodico.com/es/noticias/barcelona/escondites-lateros-991949, beide abgerufen am 18.09.2012, Golpe a los 'lateros' y al botellón en Ciutat Vella con 23 detenidos (2009).
40 Der Umfang der Schattenwirtschaft im Verhältnis zum BIP des Landes wird für das Jahr 2011 für Spanien auf 19,2 Prozent geschätzt, für Deutschland auf 13,7 Prozent (Durchschnitt OECD-Länder: 13,4 Prozent).

gen mit hohem Abweichungsgrad voneinander. Ähnlich stark streuende Ergebnisse stellt Schneider für Untersuchungen über den wachsenden Markt illegaler Arbeitskräfte in den OECD-Ländern fest. (vgl. Schneider 2000: 25ff, 38).

Durch grobe Abschätzungen und länderspezifische Modellrechnungen ermittelte Zahlen können für eine Fragestellung mit kleinteiliger räumlicher und akteursbezogener Eingrenzung wie im vorliegenden Fall der Bierverkäufer von Barcelona nicht als Anhaltspunkt verwendet werden, sondern regen zur Suche nach geeigneteren Methoden an. Die Ethnographie mit ihrer langen Tradition in den Sozialwissenschaften Soziologie und Ethnologie erscheint als geeignete Herangehensweise. Positiv ins Gewicht fällt ihre Anpassungsfähigkeit an unterschiedliche Problemlagen und Felder. Bewährte ethnographische Methoden wie verschiedene Arten von Interviews, teilnehmende und verdeckte Beobachtung sowie die gegebene Nähe des Forschers zum untersuchten Feld könnten Daten für eine nachfolgende, eingehende Analyse des vorgefundenen Sachverhalts liefern. Schon zu einem frühen Zeitpunkt der Feldforschung wurde klar, dass für eine umfassende ökonomische Einordnung zusätzlich zur in Kapitel 4 vorgestellten Feldstudie auch Statistiken und Einschätzungen von staatlicher Seite und von Unternehmensseite einzuholen sein würden. Dieser Anspruch führte zu einem nichtstandardisierten Forschungsdesign, das im Forschungsverlauf flexibel selbst an die vorgefundenen Gegebenheiten adaptiert wurde.

3 Durchführung der Studie

"I think the only way to begin is... to begin! Meaning, start developing relations and write up your reflections" (Sudhir Venkatesh, Professor für Soziologie, Columbia University).

Wirklich klar definiert waren zu Beginn der Forschungsarbeit lediglich der Startzeitpunkt und die ungefähre Dauer der Feldforschung. Durch die Beschränkung der Feldforschung auf vier Monate (Januar 2012 bis April 2012) musste ein Kompromiss gefunden werden, denn für eine konventionelle Ethnographie war der Zeitraum zu kurz. In einem in der Illegalität verorteten, problematischen Umfeld mit vermuteten Zugangsschwierigkeiten erschien eine Untersuchung anhand fokussierter Ethnographie (Knoblauch 2001) nicht ratsam, da durch die fehlende Möglichkeit zur Überprüfung von Aussagen während der kurzen, durchgetakteten Feldaufenthalte Täuschungen und unzutreffende Schlussfolgerungen die Ergebnisse stark verfälschen würden. Der Vertrauensaufbau zu den Personen im Feld und eingehende Beobachtungen aus verschiedenen Blickwinkeln und an verschiedenen Orten wurden als fundamental für das Gelingen der Forschung erachtet. Diese Leitgedanken und die im Rahmen einer Diplomarbeit gebotenen Forschungsökonomik - der Abwägung von Aufwand und Nutzen jeder anzuwendenden Methode - führten schließlich zum angewandten Methodenmix.

Der Theorieeinfluss auf die Methodik vor Durchführung der Studie war relativ gering. Abgesehen von der Lektüre einiger Studien vorab und den forschungsbegleitend konsultierten Ratgebern von Emerson et al. sowie von Howard S. Becker wurde im zuvor grob abgesteckten Feld salopp gesprochen ‚zielstrebig der eigenen Neugierde gefolgt'. Die Verwendung von Sekundärliteratur ist wichtig zur anschließenden globalen Verortung der lokal erlangten Erkenntnisse und zur Anknüpfung an bereits geleistete Forschungsarbeit, wie die Metapher ‚auf den Schultern von Riesen' (vgl. Merton 1986) es bildlich darstellt. Der Anspruch war es jedoch, durch eigene Denk- und Forschungsleistung selbst auf die Schultern dieser Riesen zu klettern und sich nicht unreflektiert von diesen emporheben zu lassen.

3.1 Stationen des Feldzugangs

Die Planung der Studie orientierte sich an den Ausführungen von Flick. Dieser stellt die Phasen des qualitativen Forschungsprozesses wie folgt dar (vgl. Flick 1995: 192):

Vorbereitungsphase	- Präzisierung einer geeigneten Fragestellung
	- Auswahl des Untersuchungsfeldes und der darin zu untersuchenden Schauplätze, Geschehnisse und Personen
	- Zugänglichkeit beachten: offen /<u>halboffen</u> / geschlossen
	- (vorläufiger) Arbeitsplan: inhaltlich und organisatorisch (Zeit- und Budgetplan)
Einstieg ins Feld	- Aufbau möglichst vielseitiger Kontakte, geltende Regeln der Kontaktaufnahme und Beziehungsstrukturen erforschen
	- Zuschauerrolle vs. Rolle des eingreifenden Teilnehmers und Forschers: einzunehmende Rolle sollte Handlungs spielraum für Hin- und Herpendeln liefern
Explorations- und Ausarbeitungsphase	- Auswahl besonders wichtiger Informanten und Schauplätze
	- Gezielte Informationssammlung
	- Ausstieg

3.1.1 Pretest Werderplatz

Vor der Rolle als Feldforscher in unbekanntem Terrain hatte ich[41] gehörigen Respekt, speziell vor dem von mir zur Recherche gewählten Umfeld der doppelt illegalen Bierverkäufer. Die größte Sorge bestand darin, von den Leuten im Feld abgelehnt zu werden und damit keine Daten zu erhalten. Um diese ‚Angst vor der Exotik' zu verlieren und um die Verschriftlichung informeller Gespräche zu üben, wurde in Karlsruhe ein Ort für einen Pretest gesucht. Es sollte sich um einen Personenkreis mit ähnlich schwerer Zugänglichkeit handeln, der bisher nicht in Kontakt mit Sozialforschern gekommen war.

> „Erprobt werden sollten mögliche Feldzugänge, die Gesprächsführung mit Menschen auf der Straße, die Aufzeichnung der Beobachtungen wie der gemachten Erfahrungen sowie der selbstreflexive Umgang mit der eigenen Rolle als Feldforscher. Das größte persönliche Hindernis stellte die Überwindung der Hemmschwelle dar, mit einer Gruppe völlig

---

41 In Kapitel 3 wird durchgehend aus der Ich-Perspektive berichtet, um den Ablauf der Studie möglichst authentisch wiederzugeben.

fremder Menschen zu Forschungszwecken in Kontakt zu treten. Die Angst vor dem Unerwarteten sowie vor den auf Außenstehende nicht eben ansprechend wirkenden Personen des Feldes einmal zu überwinden erschien mir essentiell, bevor ich mich in das mehrmonatige Projekt der Diplomarbeit, unter dann noch weit komplexeren Voraussetzungen, stürzen wollte. Dort sollte dann nach Möglichkeit nicht mehr die Beschäftigung mit der Erstmaligkeit des Erlebens der Situation als Feldforscher, sondern von Beginn an die Erfassung des Feldes an sich an vorderster Stelle stehen. Dies rein aus der zu Rate gezogenen Literatur bewerkstelligen zu wollen war mir zu weit vom praxisorientierten Ansatz des ethnographischen Vorgehens entfernt" (Zapf 2011: 2).

Mit diesen Kriterien im Hinterkopf, entschied ich mich für eine Kontaktaufnahme zu den Personen vom Werderplatz. Es handelt sich um eine Gruppe von mehrheitlich Männern und vereinzelt Frauen die, ähnlich den Bierverkäufern in Barcelona, mitten in der Stadt und für Passanten gut sichtbar, täglich ihrer Beschäftigung nachgehen. Im Falle des Werderplatzes handelt es sich bei dieser Beschäftigung vornehmlich um Unterhaltungen, Alkohol- und Drogenkonsum, Dealen von kleineren Drogenmengen und Pharmazeutika, und Besorgung von Alkoholnachschub. Der Feldzugang klappte auf Anhieb. Geduld, Neugier und Ehrlichkeit erwiesen sich als die wichtigsten Feldforschereigenschaften in diesem Umfeld. Ähnlich wie die Bierverkäufer gehen die Männer vom Werderplatz teilweise illegalen Tätigkeiten nach, weshalb ein behutsamer Vertrauensaufbau notwendig ist, der den Personen die Zeit lässt, sich auf den Forscher einzustellen. Neben dem Misstrauen gegenüber Fremden – mir wurde mehrfach unterstellt, ein Polizeispitzel zu sein – tragen sozial isolierte Personen jedoch ein nicht zu unterschätzendes Mitteilungsbedürfnis in sich. Wenn sie ehrliches Interesse spüren, öffnen sie sich, fassen Vertrauen und erzählen schon nach wenigen Minuten intime Details aus ihrem Privatleben. Mathias Wagner unterstreicht die herausragende Bedeutung von informellem Vertrauen, wenn die Forschungsthemen sozial konfliktreiche oder illegale Strukturen berühren. Es kann wie folgt gebildet werden:

- Lange Anwesenheit vor Ort
- Kontakt mit Person, die als ‚Türöffner' dient
- ➢ daraus entstehendes Vertrauen der lokalen Gesellschaft (Wagner 2011: 340)

Im kleinen Rahmen wollte ich durch die Studie am Werderplatz herausfinden, ob mir der Aufbau eines solchen informellen Vertrauens innerhalb kürzester Zeit gelingen und ich zum Feldforscher taugen würde. Es blieb jedoch trotz der positiven Erfahrung bei zwei Besuchen und einem getrunkenen Bier. Weiterführende Interviews oder Ortswechsel wurden aufgrund von Zeitmangel nicht vorgenommen.[42]

3.1.2 Erste Schritte in Barcelona

Ermutigt durch die positiven Erfahrungen vom Werderplatz in Karlsruhe, wurde vom 6. Januar bis zum 29. April 2012 die Feldforschung in Barcelona durchgeführt. Ich

---

42 Eine Zusammenfassung des Pretests Werderplatz findet sich im Anhang 12.

befand mich bis auf eine viertägige Unterbrechung durch einen Konferenzbesuch in Deutschland durchgehend in Barcelona. Mein WG-Zimmer war unweit der Ramblas, der Flaniermeile Barcelonas, am Plaza Georg Orwell gelegen, wodurch ich bei Verlassen der Haustür sofort mitten ‚im Feld' stand. Schon auf dem direkten Weg von dort zu den Ramblas begegnet man nachts etwa zehn Bierverkäufern.[43] Verschnaufpausen, aber auch Einsichten aus anderen Blickwinkeln boten die Besuche von Freunden und Familienangehörigen aus Deutschland. Durch das gemeinsame Ausgehen und die Strandbesuche entstanden völlig natürliche Kaufsituationen bei den Bierverkäufern, und die unvoreingenommene Sichtweise der als Touristen gekommenen Besucher half bei der Selbstreflexion und bei der Wahrung des nötigen emotionalen Abstands zum Untersuchungsgegenstand.

Vor dem Feldaufenthalt war ich bereits im Dezember eine Woche lang in Barcelona gewesen, um ein Zimmer zu suchen, erste Kontakte zu knüpfen und meine drei Jahre zurückliegenden Eindrücke von der Stadt zu erneuern. Der Fokus lag bei diesem Besuch bewusst nicht auf Untersuchungen zu den Bierverkäufern, da sonst aufgrund der kurzen Zeit die Gefahr der Entstehung von Halbwissen und Demotivation beim Scheitern der Informationsgewinnung gegeben gewesen wäre. Es kam jedoch spontan, über einen privaten Kontakt, ein Interview mit der auf Migrationsangelegenheiten spezialisierten Anwältin Cris zustande, das mir unverhofft tiefe Einblicke in den Gesamtzusammenhang des Bierverkaufs bot. Speziell über die Herkunft und den Aufenthalt der Verkäufer vermittelte Cris eine Wissensgrundlage aus erster Hand, die während der viermonatigen Feldforschung dann verifiziert, modifiziert und erweitert wurde. Ein Freund arrangierte im Januar dann ein Gespräch mit der für eine soziale Einrichtung tätigen Französin Catherine, die neben ihrem eigenen Expertenwissen über die verschiedenen Einwandererkollektive in Barcelona den Kontakt zu drei Interviewpartnern vermittelte. Bevor der erste Kontakt mit einem aktuell Bier verkaufenden Mann zustande kam, wurden zwei Interviews mit sich seit mehreren Jahren in Barcelona aufhaltenden jungen Männern aus Pakistan durchgeführt, die Auskunft über ihren migratorischen Hintergrund, ihre Lebensumstände sowie ihre rechtliche Situation in Spanien gaben.

3.1.3 *Herausbildung der Schauplätze*

In der zweiten Januarhälfte gelangte ich dank verschiedener privater Kontakte und Eigeninitiative an Interviewpartner, die als Bierverkäufer in Barcelona tätig waren. Durch den zeitlich eingeschränkten Feldaufenthalt von nur vier Monaten stellte sich der Kontakt zu sogenannten ‚Gatekeepern' [Schlüsselpersonen/Türöffner] als essenziell heraus: Über eine dritte Person, die bereits ein Vertrauensverhältnis zu den Beforschten aufgebaut hat, ließ sich ohne lange Vorarbeit rasch eine Beziehung aufbau-

---

43 Einige Monate vor meiner Ankunft war in der Wohnung eine Feierlichkeit abgehalten worden, bei der aufgrund der ungedeckten Alkoholnachfrage die Bierverkäufer von der Straßenecke in die Wohnung geholt wurden und dort Dosen an die Gästen verkauften.

en, die man selbst in der Kürze der Zeit nie hätte herstellen können.[44] Im vorliegenden Fall sind die ‚Gatekeeper' unterschiedlicher Art. Was sie eint, ist ihr Vertrauensverhältnis zu den Personen des Feldes. Abbildung 8 zeigt einen Ausschnitt aus den gewählten Zugangswegen. Bei drei Pfaden handelt es sich um einen Zugang über Gatekeeper. Der Promoter-Job auf den Ramblas ermöglichte einen Feldzugang durch kontinuierliche Präsenz vor Ort über mehrere Wochen hinweg. Dort dauerte es deutlich länger, ein ähnliches Vertrauensverhältnis zu den Personen im Feld aufzubauen wie bei den Zugängen über Gatekeeper. Diese dienten zudem als Gesprächspartner für Experteninterviews und lieferten Informationen aus ihrem eigenen Blickwinkel.

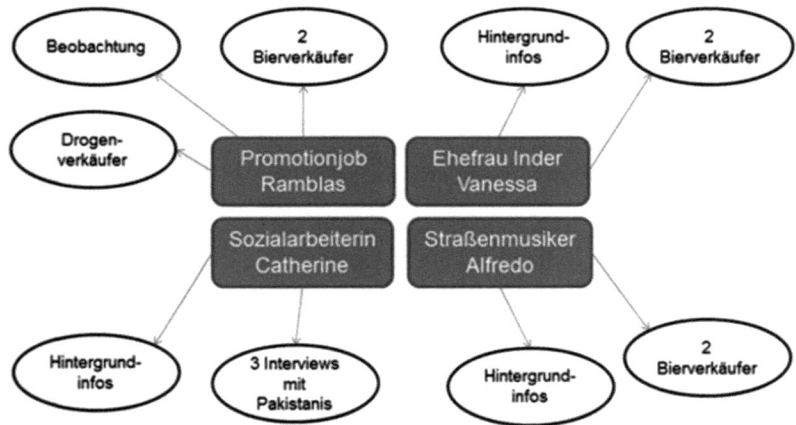

Abbildung 8:   Auszug aus den Zugangswegen (Autor)

Vier Orte kristallisierten sich als Kerngebiete für die Feldforschung heraus: Zwei Plätze eines zentrumsnahen Stadtteils, ein Verkaufsort am Hafen sowie die nähere Umgebung meiner Wohnung inklusive der Fußgängerzone Las Ramblas. Die Schauplätze wurden anhand der Zugangsmöglichkeiten gewählt. Im Forschungsprozess wurde dann die – eher zufällig erreichte – gute Streuung durch diese Art des Sampling [‚Auswahl'] deutlich. Durch ihre unterschiedlichen Charakteristiken gaben die Verkaufsplätze ein breites Bild des Bierverkaufs in Barcelona wieder.

Die zwei Plätze im zentrumsnahen Stadtteil dienen als Schauplätze der in den Kapiteln 4.1.1 und 4.1.2 angeführten Fallstudien, im folgenden Platz 1 und Platz 2 genannt. Zu den Verkäufern auf Platz 1 stellte ein Straßenmusikant, der seit Jahren auf dem Platz spielt und die Verkäufer daher gut kennt, den Kontakt her. Ich führte

---

44 Bemerkenswert ist in diesem Zusammenhang der gewaltige Vertrauensvorschuss durch die Gatekeeper-Kontaktpersonen wie von Catherine und Vanessa, die mich vorher kaum kannten, den Interviewpartnern aber direkt als Freund vorstellten.

auf Platz 1 ein leitfadengestütztes Interview durch und war nach dem Erstbesuch noch vier weitere Male vor Ort, drei Mal für mehr als eine Stunde. Zu den Verkäufern auf Platz 2 gelang die Kontaktaufnahme über Vanessa, die mit einem ehemaligen Verkäufer des Platzes verheiratet ist und mich zwei der aktuellen Verkäufer vorstellte. Ich führte mit den beiden Verkäufern ein Interview durch, war danach viermal während der Verkaufszeiten am Platz – dreimal für mehr als eine Stunde – und traf mich noch zwei weitere Male mit den beiden zu Gesprächen außerhalb ihrer Arbeitszeit. Mit dem Bierverkäufer vom Hafen konnte ich dank Catherine sprechen, da dieser in ihrer sozialen Einrichtung einen Sprachkurs belegte. Ein Interview außerhalb des Verkaufsortes sowie sechs Besuche während des Verkaufes bilden die empirische Grundlage für Kapitel 4.1.3. Im gotischen Viertel, auf den angrenzenden Ramblas und dem auf der anderen Seite liegenden Viertel Raval gestaltete sich die Informationssammlung weniger strukturiert, da sich durch meine ständige Anwesenheit vor Ort viele Kontakte spontan und zufällig ergaben. Auf eine tiefergehende Untersuchung und leitfadengestützte Interviews wurde bewusst verzichtet, um einen durchgängig uneingeschränkten Bewegungsfreiraum und unbeeinflusste Beobachtungen im nahen Umkreis der Wohnung zu erhalten. Mit drei Bierverkäufern führte ich mehrmals längere Gespräche von bis zu einer Stunde, ein weiteres Dutzend Verkäufer kannte ich oberflächlich und wir tauschten ab und an ein paar Worte aus.

3.1.4 *Promoter-Job Ramblas*

Der ursprüngliche Plan, als Rikschafahrer für Touristen zu arbeiten und über diese Tätigkeit das Treiben in der Straße zu beobachten, erwies sich als impraktikabel. Zu zeitaufwendig wäre dieser gewesen, zudem findet der Bierverkauf vornehmlich nachts statt, die Rikschafahrten im Frühjahr jedoch ausschließlich tagsüber. Der Tagverkauf von Bier am Stadtstrand beginnt erst im März und erreicht seinen Höhepunkt nicht vor Mai/Juni. Durch die Wohnsituation nahe den Ramblas ergab sich stattdessen eine Tätigkeit als Promoter. Die Aufgabe eines Promoters auf den Ramblas besteht darin, mit einer bunten Speisekarte in der Hand Touristen in Bars und Restaurants zu locken.[45]

Zwischen dem 18.01. und dem 24.02. 2012 arbeitete ich in insgesamt 17 Nächten als Promoter für die Bar ‚Calabria'.[46] Die Schicht begann um 20 Uhr und endete unter der Woche gegen 2 Uhr, am Wochenende gegen 2.30 Uhr. Die meiste Zeit verbringt man mitten auf den Ramblas, spricht potenzielle Gäste an und begleitet diese mit in die Bar, wo der Chef je nach Anzahl der insgesamt eingebrachten Kundschaft über die Entlohnung entscheidet. Innerhalb der fünfwöchigen Tätigkeit kamen Kontakte mit weiteren Informanten sowie mit Protagonisten des Treibens in der Straße zustande: Barkeeper, Zivilpolizisten, Taschendiebe, Dealer, Rosenverkäufer, Prostituierte und Bierverkäufer. Im Laufe der Nächte konnte ich durch meine regelmäßige

---

45　Finanziell lohnend war der Promoter-Job ebenso: durchschnittlich 50€ Lohn für 6h Arbeit. In der Hochsaison kann man bis zu 100€ pro Nacht verdienen.
46　Name geändert.

Anwesenheit und meine Tätigkeit als Promoter das Vertrauen verschiedener Personen gewinnen. Speziell die Straßenverkäufer betrachteten mich spürbar zunehmend als ‚einen von ihnen', da ich wie sie die ganze Nacht, bei Wind und Wetter, in der Straße stand und auf diese Weise mein Geld verdiente. Der Job als Promoter ähnelt von der Tätigkeit und den äußeren Umständen her durchaus dem eines Bierverkäufers in der Straße - mit Ausnahme der ausbleibenden Polizeiproblematik für den Promoter. Bei patrouillierenden Beamten muss man als Promoter keine Angst haben, die doppelt illegalen Bierverkäufer müssen jedoch ständig wachsam sein. Die Erwähnung des Promoter-Jobs sorgte, auch bei Verkäufern an anderen Orten, stets für einen Vertrauensbonus und diente als anregendes Gesprächsthema. Die Zeit als Promoter war äußerst forschungsintensiv: Neben der Tätigkeit an sich und dem Notieren der Ereignisse dort führte ich weitere Interviews durch, knüpfte Kontakte und erschloss mir so nach und nach den Gesamtkontext des Bierverkaufs in der Straße. Ein gutes Verhältnis konnte gegen Ende der Zeit als Promoter zu einer Gruppe von Drogendealern aufgebaut werden. Über eine Informantin, die der Gruppe sehr nahestand, sowie die regelmäßige gemeinsame Anwesenheit auf den Ramblas mit ihnen, ergaben sich vertiefende Gespräche. Hierdurch konnte deren Sozialleben, das sich von dem der Bierverkäufer in einigen Punkten deutlich unterscheidet, durch Erzählungen aus erster Hand erfasst werden.[47]

3.1.5 Vertiefung und Erweiterung – ‚Feldforschung 2.0'

Nach dem Einblick in die Geschehnisse auf den Ramblas sowie einem ersten Eindruck vom Dasein der Bierverkäufer in Barcelona folgte eine Vertiefung und Erweiterung der Kontaktstruktur. Dies brachte bisher unerforschte und für das Verständnis des Themenkomplexes höchst relevante Daten hervor. Die Phase ‚Feldforschung 2.0' ist von inhaltlich dichterem Datenmaterial und einem tieferen Eintauchen in die Strukturen gekennzeichnet. Es bildeten sich die erwähnten vier Schauplätze heraus, die regelmäßig besucht wurden. Während die ersten Kontakte von ihrem Informationsgehalt her die eigenen Erwartungen übertrafen, erwies sich deren Vertiefung als ungleich schwieriger und unergiebiger. Hier zeigte sich Unerfahrenheit in der Rolle des Feldforschers, die für Frustration aufgrund einer überhöhten Erwartungshaltung sorgte. Hartnäckigkeit und Geduld brachten nach einigen Treffen jedoch Informationen, wie über die in Kapitel 4.1.1 geschilderte Organisationsstruktur auf Platz 1, her-

---

[47] Den Dealern hatte ich nicht von meinem Forschungsvorhaben erzählt, um nicht ihr Misstrauen zu wecken. Sie haben bei einer Denunzierung ungleich höhere Konsequenzen zu fürchten als die Bierverkäufer, da der Drogenverkauf im Gegensatz zum Bierverkauf als Straftat zählt. Eine zeitintensivere und extensivere Beschäftigung mit der Gruppe hätte sicher noch zu weitreichenderen Erkenntnissen geführt. Stattdessen beendete ich meine Tätigkeit als Promoter Ende Februar, da mir das Verhältnis von Zeitaufwand zu Forschungsergebnissen nicht mehr lohnenswert erschien. Die guten Beziehungen zum Personenkreis auf und neben den Ramblas blieben jedoch bestehen und ich wurde weiterhin freundlich gegrüßt und angesprochen, wenn ich die Ramblas passierte.

vor, die ohne mehrfache teilnehmende Beobachtung vor Ort nicht zu erhalten gewesen wären.

Zudem wurden im Rahmen der ‚Feldforschung 2.0' weitere Protagonisten und Informanten zum Thema Bierverkauf identifiziert und befragt. Die Vereinbarung von Interviews mit Polizeivertretern erwies sich in diesem Zusammenhang als schwieriger als mit Straßenverkäufern selbst. Ähnlich zugeknöpft und unzugänglich gab sich die Stadtverwaltung Barcelonas. Um eine systematische Untersuchung der Kundenperspektive zu erhalten, wurde eine Umfrage unter Passanten durchgeführt. Gepaart mit den eigenen Erfahrungen und Erzählungen dienen die Ergebnisse der Umfrage als pseudo-quantitative Datenmenge über zur Kundenseite.[48] Zur Informationsgewinnung von institutioneller Seite der Pakistaner wurde mehrmals das Büro der Vertretung pakistanischer Arbeiter in Katalonien aufgesucht. Deren Direktor Javed und sein Sohn Naqash gaben offenherzig wertvolle und vertrauenswürdige Hinweise. Kurz vor der Abreise aus Barcelona konnten einige der Kontakte zu den Bierverkäufern vertieft werden. So ergab sich beispielsweise der Besuch einer Wohnung von Bierverkäufern. Der kurze Zeitraum von vier Monaten, der nötige Vertrauensaufbau zu Beginn und die kurzzeitige Resignation nach den Anfangserfolgen waren die begrenzenden Faktoren für die Tiefe der persönlichen Beziehungen zu den Bierverkäufern. Die gesammelten Informationen sind zahlreich und vielfältig, sodass durch gründliche Auswertung die Mehrzahl der Forschungsfragen aus Kapitel 1.3 empirisch belegbar beantwortet werden kann. In regelmäßigen Abständen besuchte ich zudem Sozialforscher an der Universitat Autònoma de Barcelona und stimmte mich mit meinem Betreuer in Deutschland ab. Die Aufbereitung meines Forschungsstandes für die Gespräche und die Außenperspektive der Gesprächspartner halfen entscheidend dabei, den Forschungsprozess in die richtige Richtung zu lenken und die Untersuchung auf die originären Fragestellungen zu fokussieren.

3.2 Methodisches Vorgehen

Das methodische Vorgehen orientierte sich an den Kennzeichen einer Multi-Sited Ethnography im Sinne von Marcus. Die multiplen ‚Sites' ergaben sich, indem einer ‚Sache' gefolgt wurde. Die ‚Sache' war der sich im Laufe der Feldforschung in Barcelona herauskristallisierende Markt für ambulanten Dosenbierverkauf ohne Genehmigung. Die Akteure dieses Marktes wurden aufgesucht und ihre jeweilige Rolle im Marktgefüge untersucht, sodass dieses Verfolgen der ‚Sache' Marktstruktur schließlich zum Konstruktionsmodus des ‚Multi-Sited-Space' wurde (Marcus 1995: 105 ff). Anspruch der empirischen Studie war es weniger, die Lebenswelt der Bierverkäufer umfassend zu rekonstruieren, sondern ein auf ethnographisch erhobenen Daten basierendes Verständnis für den identifizierten Straßenmarkt des ambulanten Dosenbierverkaufs in Barcelona zu schaffen.

---

48 Siehe Anhang 6.4 unter www.springer.com auf der Produktseite dieses Buches.

3.2.1 Methodenübersicht und Aufzeichnungsmethoden

Abbildung 9 stellt die Bandbreite der untersuchten Themenfelder, der befragten Personen und der angewandten Methoden dar. Einige der Erhebungsmethoden wurden auf den jeweiligen Kontext zugeschnitten und bedürfen der näheren Erläuterung.

Über jedes Treffen, jede Beobachtung und jedes Interview wurde eine Feldnotiz verfasst. Neben der Protokollierung von Ort, Zeit, Datum, anwesenden Personen und dem eigentlichen Protokoll (meist als Verlaufsprotokoll, bei transkribierten Interviews auch die Wiedergabe des Originaltextes) war in der erstellten Formatvorlage Raum für wichtige methodische sowie thematische Erkenntnisse. Diese Stichpunkte lenkten den weiteren Verlauf der Forschung und halfen dabei, die wichtigsten Punkte im Hinterkopf zu behalten und methodische Fehler zu vermeiden.[49]

Der Leitfaden für die Interviews mit den Verkäufern wurde gleich zu Beginn entwickelt und umfasste rund zehn Fragen, die hauptsächlich auf die persönliche Erfahrung des Verkäufers in seiner Heimat sowie vor Ort in Barcelona abzielten. Diese Fragen dienten gesprächspsychologisch als Stimulus für weiterführende Erzählungen. Ein vorformulierter Fragebogen zu den wirtschaftlichen Details des Verkaufs wie Absatzzahlen, Verkaufspraxis und Organisationsgrad, erwies sich als impraktikabel, sodass diese Fragen entweder im Gespräch untergebracht oder in späteren Treffen erfragt wurden.[50] Weitere Leitfäden wurden für die Interviews mit Polizei, Stadtverwaltung, Supermarktvertretern, Gastronomen und institutionellen Repräsentanten erstellt.[51]

Durch die Vorkenntnisse aus Beobachtungen und Befragungen der Bierverkäufer konnte in den Experteninterviews vom fachlichen Stand her auf Augenhöhe mit den Interviewpartnern kommuniziert werden, was v.a. auf Seiten der Polizei für eine erhöhte Auskunftsbereitschaft sorgte. Es wurden jedoch von meiner Seite keinerlei vertrauliche Details an öffentliche Stellen weitergegeben. Bis auf wenige Ausnahmen liegt von jedem Interview ein Tonmitschnitt vor, der mit einem Aufnahmegerät angefertigt wurde. Abgesehen von Herrn Ali von der Nationalpolizei gaben alle Befragten auf Anfrage ihr Einverständnis zu einer Aufnahme.

Das Aufnahmegerät weckte bei den Bierverkäufern zunächst Neugier, wurde jedoch eher verdeckt platziert und beeinflusste den Verlauf des Interviews nach eigenem Erachten kaum.[52]

---

49 Beispiele für Feldnotizen finden sich in Anhang 3.
50 Das Vorgehen bei den Interviews geschah in Anlehnung an Hermanns 2008: 360-368; die grundlegende Struktur der geführten Interviews wurde zudem maßgeblich von der Anregung Howard S. Beckers beeinflusst, zur Schaffung einer angenehmen Interviewsituation stets ‚Wie?'-Fragen anstelle von ‚Warum?'-Fragen zu verwenden.
51 Die Leitfäden sind in Anhang 2 zu finden und umfassen jeweils zehn bis fünfzehn Fragen.
52 Einer der Verkäufer kam während des Gesprächs auf seine sexuellen Erfahrungen mit spanischen Frauen zu sprechen, die er im Detail schilderte, obwohl er über das Mitlaufen des Aufnahmegeräts informiert war. Dies lässt den Schluss zu, dass das Aufnahmegerät ihn nicht in seinen Ausführungen hemmte.

Forschungs-interesse	Forschungsgegenstand	Quellen	Erhebungsmethoden
Praxis der Bierverkäufer	Verkäufer Hafen	Khasib, Adeel	1 Leitfadeninterview, 6 Besuche
	Verkäufer Platz 1	Hamjit, Oman	1 Leitfadeninterview, 4 Besuche
		Diego	2 Gespräche inkl. Rundgang
	Verkäufer Platz 2	Akal, Udam, Kamaljit, Manpreet, Naveen, Mammohan	1 Leitfadeninterview, 4 Besuche, 2 Treffen
		Vanessa	2 Gespräche
	Verkäufer Ramblas	Sangat, Zarif	2 Gespräche, > 20 Begegnungen
	Verkäufer Strand, tags	Ali, 4 weitere unbekannt	1 Gespräch, 6 Beobachtungen
	Verkäufer Raval	unbekannt	3 Beobachtungen
	Verkäufer Gótico	Freund von Zarif, Labeed, Zaka, weitere unbekannt	3 Gespräche, > 20 Begegnungen und Beobachtungen
	Verkäufer vor Diskos, Hafengebiet, weitere Orte	u.a. vor Razzmatazz, Verkäufer auf Fahrrad	2 Gespräche, > 10 Beobachtungen
	ehemaliger Verkäufer	Rohan	1 Interview
	Verkäuferanzahl Stadtgebiet	Eigene Beobachtung, Handzähler	2 Zählnächte mit Fahrrad
Hintergründe über Bierverkäufer	ATP (Associació de Treballadors Pakistanesos de Catalunya)	Javed (Präsident), Naqash	1 Gruppendiskussion, 3 Gespräche
	Camí de la Pau (Minhaj)	Naveed, Herr Iqbal (Generalsekretär)	1 Gespräch, 1 Interview
	Soz. Organisation Apropem-nos	Catherine	1 Interview, 1 Eventbesuch
	Ehefrau ehem. Bierverkäufer	Vanessa	2 Gespräche
Protagonisten Straßenleben	Nachtleben Ramblas	Promotorjob	17 Beobachtungsprotokolle
	Diebe	Dieb im Calabria, Ramblas	1 Gespräch, > 20 Beobachtungen
		Marrokanische Jungs Hafen	1 Gespräch, 6 Beobachtungen
	Drogendealer Inder Ramblas	Gurkirt, Harjeet, Livdeep, Joginder	3 Gespräche
		Carmen	> 10 Gespräche
	Dealer Ramblas	Mourad, Italiener, Türke	2 Gespräche, > 10 Beobachtungen
	Dealer Strand	Said	3 Gespräche
	Dealer Gótico	Abdul	5 Gespräche, > 20 Beobachtungen
		Hakan, Damir	3 Gespräche, 5 Beobachtungen
	Spielzeugverkäufer	...	> 10 Beobachtungen
	Hütchenspieler	2 Gruppen	> 10 Beobachtungen
Rechtslage	Einwanderungsrecht, Praxis	Anwältin Cris (Einwanderungsrecht)	2 leitfadengestützte Gespräche
staatliche und städtische Organe	Guardia Urbana	Jordi Vilasaló (Sergent de Comunicació i RE)	1 Leitfadeninterview, Statistiken und interne Richtlinien
	Mossos d'Esquaddra	José (Comunicació Mossos d'Esquaddra)	1 Leitfadeninterview
	Policia Nacional	Herr Ali (Jefe Grupo de Investigación, Extranjería)	1 Gespräch
	Ayuntamiento	Carmina Ruiz (Jefa Comunicació Ciutat Vella)	1 Leitfadeninterview
Bierbranche	Estrella Damm	Museumsdirektor; Cristina Coll (Brand Managerin Estrella)	2 Gespräche, Umsatzzahlen
Supermärkte	Carrefour Ramblas	stellvertretende Filialleiterin	1 Gespräch
Gastronomie	Bars und Gaststätten	Dragan (Calabria), Chefin Cervezería Plaza Trippy	2 leitfadengestützte Gespräche
	Diskotheken	Roberto Tierz (Chef Sidecar, representante de los comerciantes de la Plaza Reial)	1 Leitfadenbefragung per Mail
Kunden	Kaufverhalten	eigene Erfahrungen, Bekanntenkreis, 300 Befragte	Umfrage mit 12 Fragen, Beobachtungs- und Erlebnisprotokolle
Vorgehen empirische Sozialforschung	akademische Quellen	GEDIME: Carlota Solé, Leonardo Cavalcanti	4 Sitzungsbesuche, Präsentation
		Hugo Valenzuela, José Molinas	2 Gespräche, Mailverkehr
		Mónica Tolsanas	1 Gespräch

Abbildung 9: Methodenübersicht (Autor)

Innerhalb der Erhebungsmethoden unterscheiden sich ‚Gespräche' von den ‚Interviews' insofern, als dass sie ohne Leitfaden durchgeführt wurden. Bei ‚Leitfadeninterviews' wurde im Zweifel flexibel vom Interviewer reagiert und der Erzählfluss des Interviewten nicht unterbrochen, auch wenn er kurzzeitig vom eigentlichen Thema abwich. Gespräche wurden in der Regel themenbezogen geführt und das jeweilige Erkenntnisinteresse zuvor festgelegt. Eine Tonbandaufnahme erfolgte nicht bei allen Gesprächen. Es wurde jedoch in jedem Fall auf eine zeitnahe Protokollierung geachtet. Gespräche waren sowohl geplanter, d.h. mit vereinbartem Termin, wie ungeplanter Natur.

Mit ‚Besuchen' ist das regelmäßige Aufsuchen der Verkäufer an ihrem Verkaufsort gemeint, das immer auch ein Gespräch umfasste. Teilweise wurde als Erinnerungshilfe das Aufnahmegerät eingeschaltet. Es wurde jedoch, im Gegensatz zur Mehrzahl der Interviews, keine Transkription durchgeführt. Dreimal ergab sich die Gelegenheit, sich mit Bierverkäufern außerhalb ihres Verkaufsortes zu treffen ohne mit ihnen ein Interview zu führen. Eines der Treffen erfolgte in meiner Wohnung. Die weiteren Treffen mündeten in ausgedehnte Spaziergänge durch die Stadt und an den Strand.

‚Begegnung' meint ein zufälliges Aufeinandertreffen in der Straße, bei dem Begrüßungsfloskeln ausgetauscht und eine kurze Unterhaltung geführt wurde. Im Umkreis meiner Wohnung hatte ich viele solcher Begegnungen mit Bierverkäufern, die eine bedeutende Datenfülle hervorbrachten.

‚Beobachtungen' erfolgten ohne jegliche Interaktion mit dem Beobachteten. Hierdurch kann etwa der Umgang der Verkäufer untereinander beobachtet, ein Dosenversteck entdeckt oder das Vorgehen der Polizei erfasst werden. Auf die weiteren angegebenen Erhebungsmethoden wird bei Verwendung der aus ihnen hervorgehenden Daten eingegangen.

Als primäre Aufzeichnungsmethoden wurden ein Aufnahmegerät Olympus WS-650S und die Niederschrift von Gedächtnisprotokollen verwendet. Auf Fotografie und Videoaufzeichnung wurde verzichtet, da dies die Befragten verängstigen hätte können und eine heimliche Anwendung zu riskant erschien. Generell sind die Verkäufer Fotos gegenüber aufgeschlossen. Stark abgeneigt sind sie jedoch der öffentlichen Etikettierung als Bierverkäufer.

3.2.2 *Aufbereitung und Auswertung der Daten*

In der Literatur zur empirischen Sozialforschung wird zwischen induktiver und deduktiver Vorgehensweise unterschieden. Induktiv meint: Sich von einer Entdeckung zur nächsten hangelnd, die Theoriebildung erst nach der Datenauswertung ausführend. Die Deduktion hingegen stellt die Theoriebildung zeitlich vor die Datenanalyse und ordnet die Daten in ein vorab gebildetes Kategoriensystem ein. Die vorliegende Studie wurde ähnlich der Beschreibung von Bogdan & Biklen entwickelt: „You are not putting together a puzzle, whose picture you already know. You are constructing a picture which takes shape as you collect and examine the parts" (Scholz 2005:

389). Das endgültige Bild vom Untersuchungsgegenstand entstand erst nach und nach.

Durch das Halten mehrerer Vorträge und das Einreichen von Abstracts für Konferenzen, sowohl in Spanien wie in Deutschland, war ich genötigt, mir frühzeitig über eine angemessene Darstellung der Forschungsergebnisse Gedanken zu machen.[53] Diese Vorgabe wirkte sich sehr vorteilhaft aus, da hierdurch bereits während der Feldforschung reflektiert wurde – was die nachfolgenden Forschungsschritte zielführend beeinflusste. Anhand von Zwischenfazits wurden im laufenden Forschungsprozess Kategoriensysteme gebildet, d.h. die noch nicht zusammengefügten, verstreut liegenden Puzzleteile vorgeordnet.

Die Tonmitschnitte sind bis auf wenige Ausnahmen auf Spanisch, sodass der Datenauswertung ein zusätzlicher Arbeitsschritt vorzuschalten war. Die Interviews wurden zunächst auf Spanisch transkribiert und dann auf Deutsch übersetzt. Eine Aufbereitung der Daten konnte aufgrund der Übersetzungsarbeit oft mehrere Tage in Anspruch nehmen. Die Feldnotizen wurden zeitnah von Personen aus dem eigenen privaten Umfeld gelesen. So konnten Sprünge im Forschungsprozess aufgedeckt und die Niederschrift sämtlicher, für das Verständnis durch Außenstehende notwendiger, Informationen konnte sichergestellt werden.   Neben den eigentlichen Erkenntnissen wurden relevant erscheinende äußere Bedingungen sowie auffällige Verhaltensweisen der Gesprächspartner protokolliert. Auf ein durchgehendes Festhalten von Mimik, Gestik und sprachlicher Färbung außerhalb der als relevant erachteten vermittelten Informationen wurde jedoch im Sinne der forschungsökonomischen Beschränkungen eines auf sich allein gestellten Ethnographen - vs. der Transkriptionsmaxime ‚besser zu viel als zu wenig' - verzichtet, ohne damit ein zu großes Risiko von Fehlinterpretationen einzugehen.[54] Hierdurch wurde schon unmittelbar nach Erfassung der Daten eine Auslese und Priorisierung vorgenommen, die dem Ersticken in der Datenfülle vorbeugte. Die jeweilige Gegebenheit wurde betrachtet und, von ihr ausgehend, andere Schilderungen ähnlicher Vorgänge mit ihr verglichen. Diese Vorgehensweise sorgte dafür, dass das Verfassen von Feldnotizen nicht nur ein Akt des Schreibens war, sondern zu einer permanenten Geisteshaltung wurde (vgl. Emerson et al. 1995:15, 29). Das Notieren von Gefühlen und Ahnungen zu wichtigen Ereignissen steigerte sukzessive die Wahrnehmungsfähigkeit und half bei der Monate später erfolgenden Rekonstruktion der Geschehnisse.

67 ausführlichen Feldnotizen und hunderte von Kurzbeschreibungen wurden nach Themengebieten sortiert und einer Auswertung unterzogen. Die Auswertung wurde nicht explizit an ein theoretisches Konzept angelehnt, steht jedoch in seiner Machart der ‚Grounded Theory' nahe. Eine gegenstandsnahe Hypothesen- und Theoriebildung war stets das Ziel bei der Datenaufbereitung und -auswertung. Der For-

---

53   U.a.: ‚Prekarität als soziologisches Konzept' (22.-23.03.2012 in Jena); ‚Codesarrollo: las migraciones en positivo' (24.05.2012 in Granada; Paper für die ‚3. Rostocker Dienstleistungstagung' (13.-14.09.2012).

54   Beispiele für die Vorgehensweise bei Transkription und Protokollierung finden sich in Anhang 3 sowie in Anhang 4.

schungsprozess orientierte sich am von Glaser und Strauss entwickelten ‚theoretischen Sampling', das „den auf die Generierung von Theorie zielenden Prozess der Datenerhebung [meint], währenddessen der Forscher seine Daten parallel erhebt, kodiert und analysiert sowie darüber entscheidet, welche Daten als nächste erhoben werden sollen und wo sie zu finden sind" (Glaser & Strauss 1998: 53).

Das Kodieren des Datenmaterials folgt keinem strengen Paradigma. Auf eine Phase des offenen Erschließens folgten eine Eingrenzung und ein Quervergleich der für die Beantwortung der in Kapitel 1.3 genannten Forschungsfragen als nützlich erachteten Fallbeispiele. Anhand der ausführlich gehaltenen Feldnotizen wurden Kategoriensysteme gebildet. Die daraus abgeleiteten Schlüsse können durch Auszüge belegt werden.[55] Das Kodieren orientierte sich durchgehend an den vorab formulierten Forschungsfragen und den sich aus den erhobenen Daten heraus entwickelnden Hypothesen.

3.3 Methodologische Reflexion[56]

Der explorative Charakter der Studie und die Verortung im Kontext der Illegalität verlangen vom Forscher, sich frühzeitig Gedanken zur Qualitätssicherung und Forschungsethik zu machen. Da es, wie in der Aufarbeitung des Forschungsstandes in Kapitel 2 gezeigt, kaum konkret auf das Thema zugeschnittenes Vorwissen aus der Literatur einzuholen gab, stellte die von Hitzler so bezeichnete ‚künstliche Dummheit' (Hitzler 2000: 144) im vorliegenden Fall keine Herausforderung dar, denn die ‚natürliche Dummheit' war weitestgehend gegeben. Aus Gründen der zeitlichen Beschränkung und des Erfahrungsmangels war es jedoch wichtig, während des Feldaufenthaltes reflexiv mit den Erfahrungen als Forscher umzugehen. Nur so konnte am Erkenntnisinteresse und den verwendeten Methoden zeitnah nachjustiert werden. Wie in Kapitel 3.2 gezeigt, wurde eine ganze Bandbreite an Werkzeugen, vornehmlich der qualitativen, aber auch der quantitativen Sozialforschung, genutzt. Nicht jedes Mittel erwies sich im teilweise schwer zugänglichen Feld als probat. Die Forschung war durch den persönlichen Erfahrungs- und Wissenszugewinn innerhalb kürzester Zeit einem Reifeprozess unterworfen, dessen Verständnis für die Einordnung der Studienergebnisse wichtig ist.

3.3.1 Persönliche Entwicklung als Feldforscher

Eine Ethnographie fordert im Gegensatz zu einem Experiment, bei dem man eine Versuchsanordnung aufbaut und ein Ergebnis mit kalibrierten Messgeräten feststellt, um einen Prozess, der den Forscher als ganzen Menschen fordert. Phasen der persön-

---

55 Beispiele für die Kodierung von Feldnotizen finden sich in Anhang 5.
56 Während mit Methodik im deutschen die Gesamtheit aller wissenschaftlichen Methoden gemeint ist, wird unter Methodologie die Reflexion über die Methoden eines Fachgebiets verstanden.

lichen Resignation und scheinbaren Stagnation wechseln mit solchen der Euphorie und des sprunghaften Informationszuwachses ab. Diese Entwicklung ist nur bedingt vom Ethnographen selbst steuerbar. Er kann sich lediglich in eine aussichtsreiche Position bringen und anschließend nichts weiter tun, als geduldig und ständig aufnahmebereit auf eine Chance zur Datengewinnung warten, die vielfältiger Natur sein kann: durch ein Interview, eine Beobachtung, einen Kontakt, oder eine sonstige Interaktion.

Die Personen im Feld sind ebenso wenig als Automaten aufzufassen, die auf Knopfdruck, d.h. auf Fragen hin, die gewünschten Daten ausspucken, wie der Forscher als rationaler Bediener ebensolcher Automaten zu sehen ist. Auf beiden Seiten des ‚Abenteuers Feldforschung' (Sutterlüty & Imbusch 2008) stehen ganzheitlich zu betrachtende Menschen mit Emotionen und Eigenarten, die es zu erkunden und zu berücksichtigen gilt. Besonders herausfordernd war das Aufrechterhalten einer gleichschwebenden Aufmerksamkeit, die ein unvoreingenommenes Erforschen der Strukturen, zunächst ohne Fokus, einschließt (vgl. Flick 1995: 149). Unvoreingenommenheit, die aufgrund der Menschlichkeit als Forscher schwerlich über den gesamten Forschungsprozess hinweg aufrechterhalten werden kann, erleichtert die Auswertung im Nachhinein, da man keine ‚emotionalen Ausrutscher' zu berücksichtigen hat.

Abbildung 10: (Foto): Der Autor mit dem Bierverkäufer Khasib* in der Hafengegend (Autor)

Methodologische Reflexion 57

Die Studie wurde von einer einzelnen Person durchgeführt und nahezu alle verwendeten empirischen Daten wurden - mit Ausnahme einer auf wenige Stunden befristeten Unterstützung bei der Durchführung der Kundenumfrage - selbst erhoben wurden. Deshalb kann das Erlebte und Erfahrene nie komplett objektiv dargestellt werden, da es nicht aus einer neutralen Beobachterposition dokumentiert wurde. Als Feldforscher macht man während des Forschungsprozesses gleichzeitig auch einen Entwicklungsprozess durch. Die eigene Wahrnehmung verändert sich nicht nur durch den Erkenntnisgewinn, sondern auch durch die Routinen im Feld, das Hinzuziehen von Personen- und Literaturquellen und den, sukzessive erfolgenden, persönlichen Einstellungswandel. So wurden die Pakistaner, Inder, Nordafrikaner und Subsaharianer von mir lange nicht als in vielen Dingen ähnliche Mitmenschen, sondern als Exoten mit völlig anderen Eigenschaften wahrgenommen - die sie unter den Aspekten der Herkunft, Hautfarbe, Sprache, Kleidung, Bildungsniveau, Lebensführung und Zukunftsperspektive äußerlich betrachtet zunächst auch sind. Gerade zu Beginn überwog unterbewusst ein Misstrauensgefühl gegenüber den fremden Personen des Feldes, das u.a. von den Warnungen und Sicherheitsbedenken herrührte, die von verschiedenen Seiten im Vorfeld ausgesprochen worden waren.[57] Wenn in meiner Gegenwart Panjabi gesprochen wurde, hatte ich oft das Gefühl, dass von den Beteiligten gerade meine Anwesenheit in irgendeiner Form thematisiert und in Frage gestellt werden könnte. Diese Bedenken wichen nach einigen Wochen einer zwar immer noch wachsamen, aber vorurteilsfreieren Grundneugier. Eine ähnliche Entwicklung kann bei den untersuchten Personen angenommen werden. Die Bierverkäufer sind nicht an Befragungen durch Sozialforscher gewöhnt und mussten den Interviewer als ihnen fremde Person zunächst für sich einordnen. Positiv kam hier mein Status als Ausländer zum Tragen, der eine Zusammenarbeit mit der Polizei oder öffentlichen Stellen aus Sicht der Bierverkäufer unwahrscheinlich machte. Hilfreich waren auch das ähnliche eigene Alter, das gleiche Geschlecht und der erwähnte Promoter-Job, was mich für die Bierverkäufer ‚einen von ihnen' erscheinen ließ.

Mit zunehmender Aufenthaltsdauer im Feld wurde die Wahrnehmung schärfer, da die Exotik des Feldes zur Normalität wurde und die Vereinnahmung durch die Rolle als Feldforschers einer Konzentration auf das eigentliche Erkenntnisinteresse wich. Deutlich wird dies in den Feldnotizen, die über die Tätigkeit als Promoter angefertigt wurden: Waren diese zu Beginn noch chaotisch und oberflächlich, so wurden sie nach einigen Nächten detaillierter und umfassten deutlich mehr Ereignisse.

Die fehlende Planungsgenauigkeit aufgrund der vorher nicht abzusehenden Zugangsmöglichkeiten ließ viel Raum für Unsicherheiten. Durch das Fehlen gesicherten Hintergrundwissens über den Bierverkauf, die umhergeisternden Anekdoten und die stark emotional gefärbten, konträren Sichtweisen fiel die Unterscheidung zwischen zuverlässigen und unzuverlässigen Quellen zunächst schwer.[58] Man zweifelt am

---

57 Eine eindringliche Warnung vor den Straßenverkäufern sprach beispielsweise ein Sozialwissenschaftler der Universitat Autònoma de Barcelona im Gespräch aus.
58 Beispielhaft für die gerade zu Beginn stark inkonsistente Datenlage steht die Befragung zweier institutioneller Vertreter der Pakistaner in Barcelona, die beide hohes Ansehen innerhalb ihrer

Wahrheitsgehalt aller erhobenen Daten und Informationen. Diese Geisteshaltung bezeichnet Descartes als ‚methodischen Zweifel' (Bourdieu et al. 1991), Hitzler als „Abführmittel gegen das Grundsätzliche" (Hitzler 2000: 141). Sie kann zwar vor voreiligen Fehleinschätzungen bewahren, jedoch auch zur Lähmung des Forschungsprozesses führen. Der eigene wissenschaftliche Anspruch gebot es, sich in zweifelhaften Fällen nicht allein auf das eigene Gespür zu verlassen, sondern eine dritte Quelle zu Rate zu ziehen. Durch die in Kapitel 3.3.3 beschriebene Triangulation konnte das Forschergewissen beruhigt werden und die inneren Zweifel am gewählten Zugang und an den eingeholten Informationen verstummten.

3.3.2 Ethische Reflexion

Die doppelte Illegalität der Bierverkäufer erschwerte den Feldzugang und warf ethische Fragen auf. Besondere Brisanz birgt das Feld der irregulären Immigration, da den Personen bei Aufdeckung ihres irregulären Aufenthaltes die Ausweisung droht. Dank der nachlässigen Handhabung in Spanien und der relativ unwahrscheinlichen Abschiebung ohne vorausgehende Straffälligkeit sehen die Irregulären dieses Thema jedoch entspannter als beispielsweise in Deutschland. Einen ethischen Leitfaden für Forschungen im Bereich der irregulären Immigration bietet die Veröffentlichung ‚Ethical issues in irregular migration research' aus der in Kapitel 2.1.1 zitierten Clandestino-Studie (Clandestino 2009 [1]). Die Wichtigkeit des Verschlüsselns von Daten und des Herauslassens von für das Forschungsergebnis unwichtiger, für die Befragten jedoch potentiell gefährlicher persönlicher Details werden hierin betont:

> „Therefore, the researcher needs to consider carefully whether the knowledge that s/he produces can be of immediate use to enforcement agencies and if this is the case to consider whether such use is ethical for her/him and justified" (Clandestino 2009 [1]: 9).

Die Bierverkäufer halten sich nicht heimlich und im Verborgenen auf, sondern sind regelmäßig am stets gleichen Verkaufsort anzutreffen. Weite Teile der Bevölkerung wissen um diese Orte, andernfalls würde kein Handel zustande kommen können. Insofern wissenschaftliche Darstellung der im öffentlichen Raum agierenden Bierverkäufer, unter Wahrung der Anonymität, meines Erachtens keine ethischen Probleme.

Als Feldforscher befand ich mich gegenüber den Personen im Feld in einer privilegierten Position in Bezug auf einen gesicherten Aufenthaltsstatus, die Wohnsituation, die Sprachbeherrschung, das Bildungsniveau und die materiellen Möglichkeiten. Durch diese Position wäre es möglich gewesen, für relativ geringe Geldbeträge oder Versprechungen Versuche zum ‚Informationskauf' zu unternehmen – wovon jedoch aus ethischen Gründen abgesehen wurde. Den Bierverkäufern wurden im Vorfeld weder unrealistische Versprechungen gemacht, ihnen aus ihrer Situation zu helfen, noch kam es zu materiellen Zuwendungen. Fand das Interview in einer Gast-

---

Gemeinschaft sowie bei den einheimischen Behörden genießen. Während der eine versicherte, es gebe nicht mehr als 100 Bierverkäufer in Barcelona, schätzte der andere ihre Zahl aufgrund seiner persönlichen Kontakte auf 800-1.000.

stätte statt, so bezahlte ich ihnen lediglich das Getränk. Im Gegenzug schenkten mir die Bierverkäufer bei fast jedem meiner Besuche eine Dose Bier, die ich unter Protest aufgrund ihrer Hartnäckigkeit häufig annahm. Durch das einseitige Verhältnis, bei dem die Befragten durch ihre Aussagen und ihr Vertrauen die Forschung ermöglichten, und ich ihnen im Gegenzug eigentlich nichts bieten konnte, kam es zu einem inneren Gewissenskonflikt. Zwischendurch fühlte ich mich wie ein ‚Schnüffler', der die Verkäufer aushorchen will und danach wieder verschwindet, nicht ohne vorher akribisch die Konversationen mitzuschreiben und zu analysieren. Dieses Gefühl des Ausnutzens der Personen im Feld für die Forschung legte sich mit der Zeit, da sich zumindest einige der Verkäufer erkennbar über meine Bekanntschaft freuten und sie positiv davon überrascht waren, dass sich jemand tiefgründiger für ihre Geschichte interessiert.[59]

Ein ausgeprägtes ‚Helfersyndrom' zu haben ist bei der Durchführung einer qualitativen Studie für den Forscher hinderlich. Man wird neben der Forschung nicht noch gleichzeitig die Schicksale der untersuchten Personen direkt beeinflussen können. Persönlich versuchte ich, durch kleine Gefälligkeiten, wie die Durchführung von Internetrecherchen oder die Korrektur eines Lebenslaufs, den Personen im Feld ‚etwas zurück zu geben'.[60] Nach Atteslander muss das Ziel des ethnographisch arbeitenden Wissenschaftlers zunächst das bloße Erkennen sein, um durch die gewonnene Erkenntnis zu verändern (vgl. Wagner 2011: 350). Ein Gewissenskonflikt ergab sich durch die Tätigkeit als Promoter. Mir waren die regelmäßig anwesenden Trickdiebe auf den Ramblas bald bekannt und einen geplanten Diebstahl konnte ich frühzeitig erkennen. Um den Arbeitsplatz als Promoter nicht zu gefährden und nicht selbst zum Angriffsziel der Diebesbande zu werden, schritt ich bei sich anbahnenden Trickdiebstählen jedoch nie aktiv ein. Zurück blieb ein schlechtes Gewissen, aber auch Unverständnis über das unvorsichtige Verhalten der Touristen in diesem von jedem Reiseführer als besonders gefährlich benannten Abschnitt Barcelonas.

---

59 Die Schwierigkeit bestand in der anschließend Phase ‚Feldforschung 2.0' darin, ihre während der ersten Interviews positive Grundhaltung aufrecht zu erhalten. Dies stellte im Vergleich zur ersten Kontaktaufnahme die weitaus größere Herausforderung dar.

60 In einen Zwiespalt geriet ich, als einer der Verkäufer mir zum Zweck der Erlangung einer Aufenthaltsgenehmigung eine Heirat vorschlug. Sein Anwalt würde alles regeln und er selbst würde mich obendrein gut dafür bezahlen. Einerseits konnte ich die Praxis der Scheinheirat kennenlernen und vor allem mit dem Anwalt sprechen, der wohl ebenso daran verdient hätte wie ich, andererseits wusste ich, dass ich es letzten Endes auf keinen Fall machen würde. So gab ich keine Versprechungen und der Bierverkäufer verlor mit der Zeit das Interesse daran, da er meine höfliche Zurückhaltung bemerkte.

3.3.3 Gütekriterienbetrachtung – Triangulation

Für die Erhebung wurden Instrumente der qualitativen empirischen Sozialforschung[61] angewendet, die nach Lamek folgende allgemeine Prinzipien hat:

- Offenheit: Forschung als ergebnisoffene Exploration
- Kommunikation: soziale Interaktion Akteure ↔ Akteure, Forscher ↔ Akteure
- Prozessualität: praktische Anwendung von Deutungs- und Handlungsmustern
- („doing')
- Kontextualität: Rekonstruktion sozialen Handelns im jeweiligen Kontext
  Explikation: genaue Beschreibung der einzelnen Schritte des Forschungsprozesses
  - Nachvollziehbarkeit (vgl. Projektseminar Tourismus Giesen 2007: 16)

Die Einhaltung dieser Prinzipien diente als Handlungsanweisung für die vorliegende Studie und damit der Qualitätssicherung während des Datenerhebungsprozesses.

Für die nach der Datensammlung zu verfassende Darstellung der Ergebnisse galt es, das reflexive Grundproblem des reflektierenden Ethnographen zu lösen, das nach Soeffner und Hitzler darin besteht, „für sich selbst und für andere durchsichtig zu machen, wie er das versteht, was er zu verstehen glaubt, und wie er das weiß, was er zu wissen meint" (Hitzler 2003: 51). Feldnotizen als Basis des späteren Fließtextes können aufgrund der Vielfalt der Eindrücke während einer erlebten Situation immer nur die Darstellung eines bewusst bzw. unbewusst ausgewählten Ausschnitts ermöglichen (vgl. Emerson et al. 1995: 16). Im vorliegenden, nichtstandardisierten Forschungsfall können die wie folgt lautenden Gütekriterien der standardisierten Sozialforschung schwerlich überprüft werden:

- o Objektivität   - vom Untersuchungsleiter unabhängig
- o Reliabilität   - Zuverlässigkeit der Messmethode (Re-Test möglich)
- o Validität   - Grad der Genauigkeit; das erfassen, was erfasst werden
  soll (vgl. Diekmann 2008: 247ff.)

Um der Erfüllung der Kriterien trotz der nichtstandardisierten Vorgehensweise möglichst nahe zu kommen, wurde die Triangulation herangezogen.

---

61 Einer Methodenlehre, die die Messung realer Phänomene ermöglicht und zu Aussagen über die Wirklichkeit führt, die wissenschaftliche Standards erfüllen (vgl. Pfadenhauer 2011: FS Methoden I).

„Vereinfacht ausgedrückt bezeichnet der Begriff Triangulation, dass ein Forschungsgegenstand von (mindestens) zwei Punkten aus betrachtet – oder konstruktivistisch formuliert: konstituiert – wird" (Flick 2008: 11).
Diese Punkte wurden durch Triangulation in der Datenerhebung hergestellt. Indem Verkäufer an mehreren Orten unabhängig voneinander befragt, institutionelle Vertreter zu Stellungnahmen gebeten und Beamte der relevanten Polizeikörper interviewt wurden, konnten Aussagen überprüft und Diskrepanzen aufgedeckt werden. Die Triangulation von Methoden, d.h. der Einsatz von unterschiedlichen Quellen wie Umfragen, Statistiken, Interviews, Beobachtungen und schriftlichen Anfragen, sollte die Daten unabhängiger vom notwendigerweise eingeschränkten Blickfeld des Forschers machen. Zusätzlich ermöglichte die interdisziplinäre Triangulation einen Erkenntnisgewinn über Disziplingrenzen hinweg, indem das Marktmodell aus der Volkswirtschaftslehre zusätzlich mit soziologischen, ethnographisch erhobenen Daten gefüllt wird.[62]

Eine Problematik in Bezug auf die Verlässlichkeit der Studienergebnisse ist die dreifache Verfremdung der Daten: Die Daten beruhen zu einem hohen Anteil auf Äußerungen von Personen, die aufgrund ihrer prekären Lebenssituation zur Aussage von Unwahrheiten neigen könnten. Diese Daten wurden von einem Forscher erhoben und ausgewertet, der auf den Feldern der irregulären Immigration, des Straßenhandels und der durchgeführten Ethnographie kaum Erfahrung besitzt und dessen Sozialisation sich so stark von derjenigen der untersuchten Personen unterscheidet, dass bei ihm mit einer stark verzerrten Wahrnehmung der Realität gerechnet werden muss. Seine Darstellung wiederum wird von einem Leser erfasst, der bestenfalls wohl kaum Vorkenntnisse, schlechtestenfalls Vorurteile gegenüber den angesprochenen Themenbereichen besitzen dürfte. Der Verfremdung der Daten wird durch die angewandte Methodik und durch die dreifache Triangulation von Daten, Methoden und Disziplinen entgegengetreten.

Weiteres Charakteristikum der Studie ist die hauptsächliche Durchführung in spanischer Sprache (siehe Kapitel 3.2.2). Durch einige Sprachkurse, einen Erasmusaufenthalt in Barcelona im Jahr 2009, ein Praktikum in Kolumbien und durch persönliche Weiterbildungsmaßnahmen verfügte ich über ein Niveau, das, gepaart mit der Aneignung des entsprechenden Spezialwortschatzes, die Durchführung und das Verständnis von Interviews ermöglichte. Deutlich wird diese Kompetenz u.a. an einem Buchbeitrag in spanischer Sprache (Zapf 2012). Die Bierverkäufer verfügten - mit einigen Ausnahmen - über eingeschränkte Spanischkenntnisse. Durch Geduld, ge-

---

62 Im Sinne der Forschungsökonomik wurde in manchen Fällen auf angedachte Erhebungen verzichtet bzw. wurden diese mit reduziertem Aufwand durchgeführt. Dies macht sich besonders bei der Umfrage unter 300 potenziellen Kunden bemerkbar. Zur Herstellung von Repräsentativität wäre eine deutlich größere Anzahl von Befragungen nötig gewesen, was allerdings mit einem erheblichem zeitlichen und materiellen verbunden gewesen wäre. Die eingeschränkte Aussagekraft des Ergebnisses der Umfrage wird jedoch durch die Triangulation aufgefangen, da sie lediglich der Veranschaulichung von sich auf anders erhobenes Datenmaterial berufenden Hypothesen dient.

naue Transkription, Nachfragen und wiederum die Triangulation konnten Missverständnisse und Ungereimtheiten jedoch weitgehend ausgeräumt werden. Die Auswahl der Interviewpartner als Teil des Samplings war durch die erforderlichen Sprachkenntnisse auf Bierverkäufer eingeschränkt, die zumindest über einen Grundwortschatz englischer oder spanischer Sprache verfügten. Die Verzerrung der Ergebnisse durch die eingeschränkte Auswahl ist jedoch als minimal anzusehen, da bei den meisten Angesprochenen der erforderliche Wortschatz vorhanden war.[63] Der sprachliche Verarbeitungsprozess lief wie folgt ab:

Gedanken des Interviewpartners → Artikulierung auf Spanisch (Fremdsprache) → Transkription durch den Feldforscher → Übersetzung ins Deutsche → Interpretation

Somit unterlagen die Daten einem Rückkopplungsprozess, der, neben dem Zeitaufwand und dem Übertragungsverlusten bei Transkription und Übersetzung, auch ein Element der Qualitätssicherung und eine Inspirationsquelle darstellte. Durch die mehrmalige, intensive Beschäftigung mit dem Material konnten Unstimmigkeiten aufgedeckt werden. Zudem führte die Verarbeitung des ‚Rohmaterials' schon während der Feldforschung zu Verknüpfungen innerhalb der Daten.

Als weiteres Instrument der Qualitätssicherung diente der Austausch mit verschiedenen Fachleuten während des Feldaufenthaltes. Durch den Kontakt mit Sozialforschern und Immigrationsexperten von der Universitat Autònoma de Barcelona und den Austausch mit meinem Betreuer Paul Eisewicht sowie weiteren Soziologen in Deutschland war die Forschung einem ständigen, konstruktiven Analyseprozess unterworfen. „Der Austausch mit anderen im Sinne einer kommunikativen Validierung der Forschungsergebnisse bildet somit eines der zentralen Gütekriterien qualitativer Forschung […]" (Truschkat et al. 2005: 22).

---

[63] Urdu- bzw. Panjabi-Kenntnisse, welche die Datensammlung weiter vereinfacht hätten, konnte ich mir in der Kürze der Zeit nicht aneignen.

4 Ergebnisse der Feldstudie

> *"Hay gente, mira: La gente busca vida. A nadie le gusta vender Samosas o cerveza en la calle. Cuando hay trabajo hay gente que trabaja. Cuando yo vine de Pakistán yo pienso que poco más fácil trabajo que Pakistán, hay estudios, muy bien."*
>
> *"Es gibt Leute, schau: Niemand verkauft gerne Samosas oder Bier in der Straße. Wenn es Arbeit gibt, gehen die Leute arbeiten. Als ich aus Pakistan ankam dachte ich, dass es einfacher werden würde Arbeit zu finden als in Pakistan, man kann studieren, sehr gut"* (Rohan*, ehemaliger Bierverkäufer, Interview 17.01.2012).

Die Hauptakteure des Marktes für den ambulanten Dosenbierverkauf ohne Genehmigung sind die Verkäufer in der Straße. Sie sind an zentralen und abgelegenen Punkten in der Stadt vertreten und bieten dort potenziellen Kunden ihr Produkt an. Anhand von vier Fallbeispielen wird ein Einblick in die Geschäftspraxis und die Hintergründe von einigen Verkäufern gegeben. Die Datenlage aus den Fallbeispielen, kombiniert mit weiteren empirisch fundierten Erkenntnissen und Informationen aus der Literatur, ermöglicht eine umfassende Darstellung der Bierverkäufer von Barcelona. Ziel des vierten Kapitels ist die Klärung der in Kapitel 1.3 genannten Forschungsfragen in Bezug auf die Verkäufer selbst sowie der sich im Zuge der Feldforschung ergebenen Fragestellungen.

4.1 Fallbeispiele Bierverkäufer

Eine Übersichtstabelle, die unter www.springer.com auf der Produktseite dieses Buches verfügbar ist, umfasst die Schauplätze der vier Fallstudien[64] und stellt einige ausgewählte Merkmale gegenüber. Die erste Kategorie bilden die ‚örtlichen Umstände' des Verkaufsplatzes, von denen lediglich die ‚Anzahl weiterer Verkäufer' durch die Lateros[65] bedingt beeinflussbar ist. Polizeipraxis und Kundenkreis sind hingegen Größen, die zwar indirekt auch abhängig von der Präsenz der Lateros, jedoch nicht durch diese regelbar sind. Die in der Tabelle dargestellten verkaufsspezifischen Daten sind, mit Ausnahme des Absatzes, direkt von den Verkäufern veränderbar. Die beiden Kategorien ‚örtliche Gegebenheiten' und ‚verkaufsspezifische Daten' sind der Vorderbühne des Bierverkaufs zuzurechnen.

---

* Name geändert.

64 Orte und Personen wurden anhand folgender Kriterien ausgewählt: Kontaktierungsmöglichkeit, lagegebundene Eigenschaften, Aufgeschlossenheit, Kontrastierungsgrad.

65 Die ortsübliche Bezeichnung ‚Lateros' wird im Folgenden als Synonym für ‚Bierverkäufer' verwendet.

In der Kategorie ‚Hintergrundinformationen' wird ein Blick auf die Hinterbühne geworfen. Die anonymisierten persönlichen Merkmale sind im Sinne der Grounded Theory als Sample aus der Gesamtmenge aller Bierverkäufer in Barcelona zu verstehen, deren Einzelschicksale als exemplarisch anzusehen sind. Das Verstehen ihres wirtschaftlich motivierten Handelns bildet die Grundlage für ein realitätsnahes Verständnis für den Bierverkauf.

4.1.1 Platz 1 – „Todo compra jefe"[66]

Auf Platz 1 treffen sich in den Sommermonaten mehrmals wöchentlich Jugendliche zum ‚Botellón'[67], wodurch dieser Platz in den Abend- und Nachtstunden stark belebt ist. Bei den anwesenden Personen handelt es sich sowohl um katalanische Jugendliche als auch um zeitlich befristet in Barcelona wohnende auswärtige Personen. Von den Touristen wird der Platz tagsüber besucht bzw. setzen sich diese eher in die zahlreichen Cafés und Bars am Rande des Platzes. In der Hauptsaison (Juli, August) sind jedoch auch Touristen unter den Kunden der Lateros am Platz anzutreffen. Die Polizei kontrolliert den Platz nach Erfahrung des Autors und nach Aussagen von Verkäufern und Kunden nur selten an den Werktagen und beschränkt sich auf mehrmalige Kontrollen an den Wochenenden. In den Sommermonaten allerdings kann von einer allnächtlichen Polizeipräsenz ausgegangen werden.

Die beiden Verkäufer von Platz 1 sind gemeinsam an einer Ecke des Platzes postiert. Von dort können sie den gesamten Platz überblicken und zudem die Seitenstraßen weiträumig einsehen: Der Verkaufspunkt bietet somit maximalen Schutz vor Polizeizugriff. Nähert sich eine Polizeistreife, so flüchten die Verkäufer in ihre direkt am Platz liegende Wohnung. Die Kundenansprache durch die Verkäufer auf Platz 1 erfolgt im Vergleich zu anderen Straßenverkäufern eher dezent. Falls der Platz gut besucht ist, läuft ein Verkäufer in regelmäßigen Abständen über den Platz und bietet den anwesenden Grüppchen Dosenbier an. In der restlichen Verkaufszeit, die sich von 21 Uhr bis 3 Uhr morgens bzw. 5 Uhr am Freitag- und Samstagnacht erstreckt, warten die Verkäufer an ihrem Verkaufsort sitzend auf Kundschaft. Das unaufdringliche Verhalten der Verkäufer spricht für einen festen Kundenstamm, dem die Verkäufer und ihr Standort von vorhergehenden Käufen bereits bekannt sind. Hamit[*] und Oman[*], die beiden Verkäufer von Platz 1, begrüßen einen hohen Anteil der anwesenden Personen, die offensichtlich zu ihrer Stammkundschaft zählen, per freundschaftlichem Handschlag. Diese Beobachtung kontrastiert mit der Charakterisierung durch

---

66 „Alles kauft der Chef."
67 Botellón heißt wörtlich übersetzt ‚große Flasche'. Häufig bringen sich die Jugendlichen in Spanien vorgemischte Spirituosen in 1,5-2l Flaschen zum Trinken auf der Straße mit. Besonders beliebt sind ‚Cubata' [Rum mit Cola] und ‚Calimocho' [Rotwein mit Cola]. Botellón wird synonym für das Zusammenfinden von Gruppen in der Straße zum Zweck des gemeinsamen Trinkens verwendet, den Konsum von Dosenbier eingeschlossen.
* Namen geändert.

Molina aus Kapitel 2.3.3, der den Verkaufsprozess im Straßenhandel als einmaligen Akt ohne vorherige und nachfolgende Interaktion beschreibt (siehe 2.3.3).

Bis zu zwölf Dosen sind direkt am Platz gelagert. Sechs Dosen befinden sich im Nahversteck wenige Meter vom Verkaufspunkt entfernt, bis zu sechs weitere trägt einer der Verkäufer an der Gummihalterung eines Sechserpacks bei sich. Sobald der Vorrat auf unter sechs Dosen schrumpft oder eine größere Bestellung eingeht, begibt sich Verkäufer Hamit in die Wohnung und sorgt für weitere sechs bis zwölf eiskalte Dosen Nachschub. Falls in der Zwischenzeit eine größere Bestellung von mindestens vier weiteren Dosen erfolgt, verständigen sich die Verkäufer via Handy.

Auf Platz 1 sowie auf einem weiteren benachbarten Platz erhalten die Verkäufer das Dosenbier von Hamits Cousin Said[*]. Dieser war selbst mehrere Jahre lang Bierverkäufer auf diesem Platz tätig, ehe er sich, mit finanzieller Hilfe seines transnationalen Netzwerks aus Familienangehörigen, in den letzten Jahren ein kleines Imperium aus mehreren Lebensmittelgeschäften, Restaurants und einer Diskothek schuf. Das Bier wird Hamit und Oman in den Wintermonaten zweimal wöchentlich, im Sommer alle zwei Tage, von Said in ihre Wohnung geliefert, wo sie es in Kühlschränken lagern. Die beiden Verkäufer sind materiell vollständig von ihrem ‚Chef' Said abhängig, wie folgender Gesprächsausschnitt zeigt:

„Y tú, cuánto [ganas]?" - „Yo nada. Yo sólo trabajando, trabajando. Todas las cosas compra jefe. Casa, agua, luz, comida, cigarillos." - "Entonces no te da nada de dinero? Solamente te da las cosas?" - "Nada. Si. La tarjeta de móvil, todo. Ropa también. Todo compra el jefe."

[Und du, wie viel verdienst du? - Ich, nichts. Ich arbeite nur und arbeite. Der Chef kauft alle Sachen. Wohnung, Wasser, Strom, Essen, Zigaretten. - Er gibt dir also gar kein Geld? Er gibt dir nur diese Sachen? - Nichts, ja. Die Prepaid-Karte, alles. Auch Kleidung. Kauft alles der Chef] (Oman, 11.03.2012).

Für ihn gebe es keine Alternative zu diesem prekären Beschäftigungsverhältnis, so Oman weiter, da er über kein soziales Netzwerk in Barcelona verfüge. Aktuell verkaufe er jede Nacht Bier für seinen Chef Said, helfe zudem tagsüber in dessen Supermärkten aus und streiche dessen Diskothek an. Wenn Hamit auf eigene Rechnung beginnen würde, an einem noch nicht besetzten Platz zu verkaufen, könnte er dort nach eigenen Aussagen höchstens fünf bis zehn Euro verdienen - womit er seine Lebenshaltungskosten nicht decken könnte.

Hamit und Oman stammen aus dem Punjab in Pakistan und sind muslimischen Glaubens. Sie erreichten vor vier bzw. fünf Jahren von Pakistan aus, auf LKWs sowie zu Fuß, Griechenland. 5.000 bzw. 6.000 Euro kostete sie die Überfahrt insgesamt, inklusive der zur Einreise erforderlichen Dokumente. Sie lernten sich in Athen kennen, wo beide als Maler auf Baustellen arbeiteten. Hamit heiratete im Herbst 2011 eine Spanierin und erhielt hierdurch eine Aufenthaltsgenehmigung. Für den September 2012 plant er eine Rückkehr nach Pakistan. Die katastrophale Arbeitsmarktsituation habe ihn ursprünglich zur Emigration bewegt, obwohl es ihm in seiner Heimat generell gefallen habe. Omans Ziel ist langfristig ebenfalls die Erlangung einer Aufenthaltserlaubnis, kurzfristig die Aufnahme einer bezahlten Beschäftigung, die den Bierverkauf für Said ersetzen kann. Am einfachsten zugänglich erscheint ihm eine Tätigkeit als unangemeldete Küchenhilfe, der ein Bekannter Omans nachgeht und die diesem monatlich über 1.000 Euro einbringt. Für Hamit und Oman stellt der Bierverkauf eine überlebenssichernde Maßnahme dar, für die es auf dem krisengeplagten Arbeitsmarkt Spaniens bzw. ganz Südeuropas seit nunmehr rund 3 Jahren keine Alternative gibt.

Auf Platz 1 wird ausschließlich Bier der Marke Estrella Damm verkauft, das von einer barcelonesischen Brauerei stammt und lokal als Biersorte sehr angesehen ist. Die 0,33l-Dose ist in Supermärkten ab 50 Cent erhältlich. Hamit und Oman verkaufen die Dose zu einem Preis von einem Euro, ein Rabatt wird ab dem Kauf von mindestens sechs Dosen gewährt. Das Geschäftsmodell des Straßenbierverkaufs ohne Genehmigung erklärt Hamit folgendermaßen: Da die Leute nachts Bier trinken wollten und die Supermärkte geschlossen wären, die Bars wiederum zu teuer seien, kauften viele Passanten das Bier bei ihm in der Straße. Dieses Geschäftsmodell ist so einträglich, dass an den Wochenenden in den Monaten Mai bis September auf Platz 1 ein Absatz von insgesamt 80 Dosen - eventuell sogar darüber hinaus - pro Nacht möglich ist.

4.1.2 Platz 2 – „Living same, working same, eating same"

Platz 2 befindet sich in unmittelbarer Nachbarschaft zu Platz 1 und hat eine vergleichbare Kundenstruktur. Jedoch verfügt Platz 2 über deutlich weniger Laufkundschaft und es gibt ein geringeres Aufkommen an ‚Botellóns'. Dem reduzierten Kundenkreis steht eine mit sieben Personen mehr als dreifache Anzahl an Verkäufern gegenüber. Die Polizeipräsenz ist aufgrund der unmittelbaren Nachbarschaft der Plätze ähnlich zu Platz 1. In den Sommermonaten ist jedoch mit geringerer Frequenz zu rechnen als auf Platz 1, da die reduzierte Gesamtlautstärke der wenigen Gruppen auf Platz 2 für weniger Beschwerden von Anwohnerseite sorgen, und von der Polizei zu schlichtende Zwischenfälle in Form von Streitigkeiten seltener auftreten. Bei den Kunden handelt es sich nahezu ausschließlich um Anwohner im Alter von 15 bis 40 Jahren sowie um zeitlich befristete Bewohner Barcelonas. Die Kundenansprache erfolgt durch direkte Kontaktaufnahme zu allen Personen, die als potenzielle Käufer erachtet werden. Die Verkäufer sind in zwei Reihen am oberen und am unteren Ende des Platzes gestaffelt, sodass eine räumliche Abdeckung des gesamten Platzes gewährleistet ist.

Ähnlich zu Platz 1 gibt es auch auf Platz 2 Anzeichen für das Bestehen etablierter Geschäftsbeziehungen zwischen Verkäufern und Käufern sowie auf eine über den Verkaufsprozess hinausgehende Interaktion zwischen ihnen. So verkaufte Udam[*] bei einem der Besuche vor Ort vier Dosen an seine Spanischlehrerin, bei der er zweimal wöchentlich einen von der Landesregierung Kataloniens kostenlos angebotenen Spa-

---

[*] Name geändert.

nischkurs besucht. Bei einem weiteren Besuch kam es zum Konflikt zwischen den Bierverkäufern und einem spanischen Mann Mitte 50, der seine Schulden für angeschriebenes Bier nicht bezahlen konnte. Der Mann schuldete ihnen aus den vergangenen Wochen rund 20 Euro, so Udam.

Die beiden interviewten Verkäufer von Platz 2, Akal[*] und Udam, lagern das Bier in ihrer nahegelegenen Wohnung. Jeder Verkäufer hält eine grüne Plastiktüte in der Hand, in der sich ein Sechserpack Bier befindet. Nachschub beschaffen die Verkäufer je nach Bedarf aus ihrer Wohnung. Direkt auf dem Platz benutzen sie verschiedene Orte zur Zwischenlagerung bzw. als Versteck bei Polizeipräsenz. Die Verstecke reichen vom Revisionsschacht für Trinkwasser über eine Kinderrutsche bis zum Körbchen eines am Platz geparkten Fahrrades. Akal schützt außerdem die eingenommenen Geldscheine in einer Mauerritze vor Polizeizugriff.

Die sieben Verkäufer von Platz 2 teilen sich in zwei Gruppen auf. Innerhalb dieser Gruppen wird der Gewinn aufgeteilt. Die Gruppen respektieren sich gegenseitig während der Verkaufsvorgänge: Kundenansprache und Verkaufsabschluss stehen stets dem Verkäufer zu, der sich geographisch am nächsten zum Kunden befindet. Akal ist Anführer einer Vierergruppe, deren Mitglieder alle in einer Wohnung zusammenleben. Akal hat innerhalb seiner Gruppe die größte Erfahrung im Bierverkauf und verfügt über gute Spanisch- und Englischkenntnisse. Das Dosenbier der Marke Estrella Damm kauft Akal in einem nahegelegenen bengalischen Lebensmittelladen für 42 Cent pro Dose. Der Verkaufspreis auf Platz 2 liegt bei einem Euro, ist bei Abnahme größerer Mengen jedoch verhandelbar. Umgekehrt werden die höhere Zahlungsbereitschaft und die fehlende Information über den Marktpreis bei den gelegentlich erscheinenden Touristen ausgenutzt. Bei diesen kann dann ein Preis von 1,50 Euro bis 2 Euro erzielt werden. Das Verhältnis der Bierverkäufer untereinander ist freundschaftlich und kaum hierarchisch geprägt, sodass von einer dem Forscher so vermittelten fairen Aufteilung der Einnahmen ausgegangen werden kann. Die umliegenden Verkaufsorte sind bereits von anderen Verkäufern besetzt, wodurch keine Möglichkeit zum Standortwechsel besteht. Mit den Pakistanern von Platz 1 gebe es eine stillschweigende Übereinkunft bezüglich der Reviergrenzen: „I do mistake – fighting. I never mistake – never fighting" (Akal, 13.03.2012). Zudem seien Platz 1 oder auch die Ramblas laut Akal keine attraktiven Verkaufsorte, da man dort - im Gegensatz zum ruhigen Platz 2 - in ständiger Sorge vor der Polizei arbeiten müsste.

Die Verkäufer von Platz 2 stammen ausnahmslos aus dem Punjab in Indien und sind der Religion Sikh zugehörig. Udam und Akal sind über unterschiedliche Umwege per Flugzeug und mittels Touristenvisa nach Spanien gelangt. Die Gesamtkosten für seine Überfahrt gibt Udam mit 15.000 Euro an. Das Leben im ländlichen Punjab sei ruhig und gut. Beide sind nicht aus wirtschaftlichen oder politischen Gründen aus dem Land geflohen, sondern wurden primär vom Interesse getrieben, andere Länder kennenzulernen: „Nach Indien kann ich immer zurückkehren" (Udam, 28.01.2012). Auf ihren Wegen nach Barcelona wurden beide Opfer von sich an ihnen bereichern-

---

[*] Name geändert.

den Landsleuten, die als bereits regularisierte Einwanderer kleine Gefälligkeiten in einen für sie unverhältnismäßig größeren geldwerten Vorteil verwandelten.[68] Diese Ausnutzung durch bereits regularisierte Landsleute scheint, wie durch die Verkaufsstruktur auf Platz 1 gezeigt, System zu haben. Beide Verkäufer schicken, im Gegensatz zu Hamit und Oman von Platz 1, Geld in die Heimat, sobald die Höhe der monatlichen Einnahmen aus dem Bierverkauf dies zulässt. Abbildung 11 zeigt die Originalaufnahme einer sich im Bau befindlichen Sanitäreinrichtung in Indien. Die lokale Baumaßnahme wird durch die Geldsendungen eines Verkäufers von Platz 2 ermöglicht, der seit mehreren Jahren Geld an seine Familie in die Heimat schickt.

Abbildung 11: (Foto): Sanitäreinrichtung im indischen Punjab (Vanessa Suárez, 2012)

Die Tätigkeit als Bierverkäufer sehen die Inder von Platz 2 als vorübergehende Notlösung und unliebsame Notwendigkeit an. Mehrere der Verkäufer arbeiten nebenher als Küchenhilfen, haben dies in der Vergangenheit getan bzw. haben trotz fehlender Arbeitsgenehmigung eine unangemeldete Stelle in Aussicht.

Die Einnahmen aus dem Bierverkauf reichen in den umsatzschwachen Wintermonaten mit Mühe zur Deckung der Grundbedürfnisse (Miete, Lebensmittel) in Höhe von 250-300 Euro. In der Vergangenheit seien Akal zufolge auf Platz 2 bis zu

---

68 Udam bezahlte einem Landsmann für die Taxifahrt von Venedig nach Barcelona 800€. Er hatte keine Aufenthaltsgenehmigung und konnte keine anderen Transportmittel nutzen.

dreizehn Verkäufer tätig gewesen. Nun würden selbst die anwesenden sieben Verkäufer nur noch die Hälfte pro Kopf einnehmen können wie vor zwei bis drei Jahren. Der Verkauf pro Kopf wird auf Platz 2 auf 10-30 Dosen, je nach Jahreszeit und Wochentag stark variierend, geschätzt.

4.1.3 Hafen – „Zur Zeit ist es kalt, da halte ich es nicht so lange draußen aus"

Der im Hafengebiet Barcelonas untersuchte Verkaufsort befindet sich in unmittelbarer Nähe einer Reihe von Nachtclubs und Bars. Je nach Wochentag bieten dort zwischen vier und zehn Bierverkäufer, dicht gedrängt mit weiteren Straßenverkäufern und Promotoren, ihre Bierdosen an. Die Polizeipräsenz variiert stark je nach Wochentag, ebenso wie die Verkäuferzahl. Am präsentesten sind die Beamten der Mossos d'Esquaddra, die allerdings - im Gegensatz zu ihren Kollegen von der Guardia Urbana - den Verkäufern selten Dosen abnehmen und keine weiterführenden Maßnahmen ergreifen.[69] Des Weiteren befinden sich von den Diskotheken angestellte Sicherheitsleute vor Ort. Das Publikum der Diskotheken, das gleichzeitig den Kundenkreis der Lateros darstellt, ist mehrheitlich zwischen 16 und 35 Jahren alt und bei Ankunft am Hafen häufig bereits angetrunken. Es handelt sich sowohl um einheimische Feiernde wie auch um Touristen. Bei Besuchen des interviewten Bierverkäufers Khasib konnte beobachtet werden, wie ihm bereits bekannte Personen Dosenbier abkauften. Diese Stammkunden ignorierten die ebenso Dosenbier offerierenden Kollegen Khasibs und tätigten ihre Käufe ausschließlich bei ihm.[70] Khasib gewährte ihnen großzügig Rabatt und unterstrich im Interview die hohe wirtschaftliche Bedeutung dieser Stammkunden für ihn. Die Kundenansprache durch die Verkäufer am Standort Hafen ist im Vergleich zu den Plätzen 1 und 2 deutlich offensiver. Die Lateros gehen auf die Passanten zu und versuchen durch Scherze und Lächeln positive Emotionen bei den Kunden zu wecken. Während einige seiner Kollegen wahllos jeden Passanten ansprechen, unterscheidet Khasib klar zwischen potenziellen Käufern und uninteressanten anderen Passanten. Er spricht nur potenzielle Käufer an, bevorzugt größere Gruppen junger Männer.

Kleinere Mengen Bier (bis zu drei Sechserpacks) werden von den Verkäufern gemeinschaftlich in einer Baumkrone bzw. bei Erscheinen der Polizei in einem Mülleimer versteckt. Die Nahverstecke sind leicht erkennbar, und so kommt es regelmäßig zu Diebstählen von Dosenbier durch angetrunkene Personen oder Taschendiebe. Die Bierverkäufer sind gegen solche Übergriffe machtlos, da sie aufgrund ihrer doppelten Illegalität als Verkäufer und irreguläre Immigranten keine staatliche Ordnungsinstanz anrufen können, und aufgrund der anwesenden Sicherheitsleute und des jederzeit möglichen Erscheinens von Polizeikräften auch keine Selbstjustiz üben

---

69 Zur Einteilung der Polizeikörper und ihres jeweiligen Vorgehens gegen die Bierverkäufer siehe Kapitel 5.2.3.
70 Mehrmals versuchten Kollegen von Khasib, mich von ihm abzuwerben und als Kunden zu gewinnen. In einem Fall wurde mir von einem Kollegen Khasibs dessen vollständige Abwesenheit für diesen Abend berichtet, obwohl Khasib wenige Minuten später am Verkaufsort war.

können. Weitere Biervorräte befinden sich in einem wenige hundert Meter entfernten Park. Die Wohnungen der Verkäufer liegen zu weit entfernt, um als Lagerplatz dienen zu können. Das Mitführen der gesamten Ware bei Verkaufsbeginn macht weiterführende Kühlmaßnahmen erforderlich: So wird in den Sommermonaten der spätnachts zu verkaufende Dosenanteil zu Hause eingefroren, sodass er bis zum Verkaufszeitpunkt zwar nicht mehr gefroren, jedoch noch gut gekühlt ist.

Das Bier kauft Khasib in ‚Paquetes' (12 Dosen) oder ‚Cajas' (24 Dosen) abgepackt in den Supermärkten in der Nähe seiner Wohnung. Er arbeitet wie alle Verkäufer seines Verkaufsplatzes vollständig auf eigene Rechnung. Eine informelle hierarchische Struktur gibt es im untersuchten Gebiet am Hafen nicht. Nach Aussage von Khasib gebe es dort auch keine abgegrenzten Reviere. Jeder Verkäufer könne frei seinen Standort wählen, ohne von anderen Verkäufern behelligt zu werden. Der Individualisierungsgrad der Verkäufer im Hafengebiet ist somit deutlich größer als auf den Plätzen 1 und 2.

Khasib stammt aus dem ländlichen Punjab in Pakistan und reiste über Nordafrika nach Spanien ein. Die Überfahrt nach Marokko kostete ihn inklusive der erforderlichen Dokumente 5.000-6.000 Euro. Seit eineinhalb Jahren verkauft er Bier in Barcelona. Das überschüssige Geld spart er an: Seine Angehörigen in Pakistan sind finanziell unabhängig und erhalten von ihm keine Geldsendungen auf regelmäßiger Basis. Khasibs einziger Bruder ist als Handwerker in Griechenland tätig. Vor seiner Ankunft in Barcelona kannte Khasib dort einige aus seiner Heimatregion stammende Männer, ohne dass Barcelona sein ursprüngliches Reiseziel gewesen wäre. Er möchte gerne in Spanien bleiben und dort nach Erhalt der Aufenthaltsgenehmigung ein geruhsames Leben führen. Das transnationale Netz seiner Landsleute, das ihm bei seiner Ankunft das wirtschaftliche Überleben sicherte, vergleicht Khasib mit einer informellen Version des roten Kreuzes. Man könne auf der ganzen Welt Hilfe erwarten und biete Neuankömmlingen oder Durchreisenden im Gegenzug ebenso Unterstützung. Khasib wohnt mit fünf weiteren Pakistanern zusammen, die ebenfalls im informellen urbanen Sektor beschäftigt sind. Im Sommer verkauft er täglich, in den Wintermonaten fünf bis sechs Mal pro Woche. Die Zeit neben dem Bierverkauf und den zugehörigen Tätigkeiten wie Einkauf, Kühlung und Transport vertreibt er sich mit sozialen Aktivitäten mit Landsleuten.

Die Verkaufszahlen im Hafen sind stark von den Besucherzahlen der Diskotheken abhängig und liegen aktuell in einem Bereich von fünf bis 80 Dosen pro Nacht. Der Verkauf beginnt ab ca. 23.30 Uhr und endet, bei ausreichendem Kundenaufkommen, erst nach Schließung der Diskotheken um 5 Uhr morgens. Verkauft werden verschiedenen Handelsmarken, d.h. die günstigen Eigenmarken der Supermärkte (Dìa, Aurum, Steinburg), jedoch keine Dosen der Marke Estrella Damm. Begründet wird dies mit der höheren Gewinnspanne und der Koexistenz mit den Diskotheken.[71] Folgender Interviewausschnitt verdeutlicht die Verkaufspraxis von Khasib (K), wie er sie dem Interviewer (I) im Gespräch darstellt:

---

71   Siehe Kapitel 5.1.4.

Fallbeispiele Bierverkäufer 71

I: Wie viele Dosen nimmst du ca. mit?

K: Das kommt auf die Jahreszeit an. Im Sommer 50-60. Jetzt nur 10-20. Fast nichts. Ich verkaufe nur für 5 Euro oder 10 Euro. Gestern bin ich nicht gegangen, in der Nacht davor habe ich 5 Euro verdient.

I: Verkaufst du Estrella Damm?

K: Nein! Aurum.

I: Wie viel kostet die Dose?

K: Es ist billig: 25 Cent.

I: Und du verkaufst sie für einen Euro?

K: 1 Euro. Manchmal weniger, weil die Leute sagen: „Gib mir zwei [Dosen], ich hab 1,50 Euro." Oder: „Gib mir fünf [Dosen], ich habe 4 Euro."

I: Wo kaufst du die Dosen?

K: Im Supermarkt. Carrefour, Eroski, Lidl, Dia. In allen Supermärkten, die Bier verkaufen.

I: Also machst du 75 Cent Gewinn?

K: Nein, keine 75 Cent, denn einige Leute kaufen auch für weniger Geld. Zudem nimmt mir die Polizei auch Dosen ab. Und manchmal wird mir was gestohlen. Wenn ich mich verstecke, klauen mir junge Leute oder Betrunkene die Dosen. Das ist auch ein Verlust.

I: Und wenn du dich versteckst, wohin bringst du dann die Dosen?

K: Immer in den Park. Ins Gebüsch. Oder unter einen Gullideckel. Einige funktionieren mit Schlüssel, andere nicht.

I: Um 5 Euro zu verdienen musst du also ca. 8 Dosen verkaufen?

K: Ja, sieben bis acht. Die Sicherheitsleute von der Disko nehmen mir auch die Dosen ab: „Das ist unser Geschäft, hau ab" sagen sie.

I: Aber die Diskothek ist an jedem Wochentag geöffnet?

K: Ja.

I: Verkaufst du auch andere Dinge – Drogen?

K: Nein, ich verkaufe nur Bier. Ich verkaufe, da ich auf meine Aufenthaltsgenehmigung warte. Ich habe mich schon zwei Mal beworben, aber wurde abgelehnt. Jetzt werde ich es noch einmal versuchen.

I: Wie viel konntest du in deiner besten Nacht verdienen?

K: 100 Euro, 80 Euro. In der allerbesten. Es gibt auch Leute, die sagen: Gib mir ein Bier – und sie schenken dir 10 Euro, 15 Euro. Die Menschen wissen, dass die Verkäufer arm sind. Das ist das Leben, man muss sich durchkämpfen.

Den Bierverkauf sieht Khasib als überlebenssichernde, unliebsame Tätigkeit, die er aber bis zur Erlangung der Aufenthaltsgenehmigung wohl wird ausüben müssen. Für die Zeit danach ist er zuversichtlich, zeitnah eine andere Beschäftigung auf dem formellen Arbeitsmarkt zu finden.

4.1.4 Ramblas – "Pero ahora muy fatal. Porque ahora mucha crisis"[72]

Die Verkäufer auf und nahe den Ramblas sind durch Polizei und Passanten einer Dauerbelastung ausgesetzt, wie sie in dieser Intensität an den anderen Verkaufsorten nicht zu finden ist. Die Frequenz von Polizeipatrouillen und Zivilbeamten sowie von Streifenwagen ist nirgends so hoch wie auf dem Plaza Catalunya, den Ramblas sowie den breiteren Seitenstraßen in Richtung der Viertel Gótico und Raval. Zahlenmäßig übertroffen wird das Polizeiaufgebot durch die Anzahl der Verkäufer selbst[73] sowie durch das Aufkommen an Touristen und Einwohnern in den Straßen. Der Anteil ausländischer Touristen an den Passanten ist sehr hoch, und auch unter den Einwohnern ist der Anteil der auf wenige Monate oder Jahre befristet wohnhaften Ausländer groß.[74] Einheimische Passanten sind während der abendlichen Verkaufsstunden der Lateros in der Gegend um die Ramblas kaum anzutreffen. Sie meiden das touristische Ambiente, die vorwiegend teuren Ausgehmöglichkeiten, die Taschendiebe, die aufdringlichen Prostituierten und die hohe Polizeipräsenz.

Aufgrund des ganzjährig hohen Touristenaufkommens in Barcelona ergibt sich – mit stärkerer Ausprägung in den Sommermonaten – ein konstanter Menschenstrom, aus dem die Bierverkäufer in Sekundenschnelle potenzielle Kunden von potenziellen Zivilpolizisten unterscheiden können müssen. Zudem sind der Polizei mittlerweile die einschlägigen Verstecke der Bierverkäufer - wie Revisionsschächte (siehe Abbildung 12), Mülleimer und Baustellen - bekannt und werden regelmäßig auf dort gelagerte Dosen kontrolliert. Die Verkäufer reagieren auf das Vorgehen der Polizei, indem sie zu noch kreativeren Lösungen greifen: Dosen werden unter die Plastiktüten

---

72 „Aber jetzt ganz schlecht. Weil jetzt viel Krise."
73 Eine Übersichtskarte über die Bierverkäufer in den Vierteln Raval, Gótico (inkl. Las Ramblas und Plaza Catalunya) findet sich in Anhang 7 unter www.springer.com auf der Produktseite dieses Buches.
74 Rund 80 Prozent der Käufer auf den Ramblas sind Touristen (eigene Schätzung).

der Mülleimer gelegt, tütenweise in Müllcontainer gepackt oder zwischen Sperrmüll am Straßenrand platziert.

Abbildung 12: (Foto): Revisionsschacht Trinkwasserversorgung - beliebtes Dosenversteck (Autor)

Die hohe Anzahl an Lateros vereinfacht ihnen die gegenseitige Warnung vor dem Herannahen der Polizei: Ein kurzer Pfiff oder Ruf verständigt die Landsleute. Zudem sind beispielsweise am Plaza Catalunya Späher abgestellt, die per Mobiltelefon vor Polizeistreifen warnen.

Gegenüber den ‚Top-Manta'-Verkäufern, die ihre Ware ständig im über die Schulter geschlagenen Tuch mit sich tragen müssen, verfügen die Lateros aufgrund der Kleinteiligkeit der Verkaufsware Dosenbier über eine hohe Mobilität. Sie können bei erhöhter Polizeipräsenz auf andere nahegelegene Verkaufsorte ausweichen, die zwar nicht so attraktiv, aber sicherer vor Polizeizugriff sind. So weicht der Verkäufer Zarif[*] an den Wochenenden ins Hafengebiet aus, da ihm die Polizeipräsenz auf den Ramblas in den Nächten auf Samstag und Sonntag zu hoch sei. Zudem sei die Besucheranzahl der Diskotheken am Wochenende höher und ermögliche ihm einen größeren Umsatz. In der Hochsaison (Juli, August) weicht Zarif durchgehend auf die

---

* Name geändert.

Rambla de Raval als Verkaufsort aus und meidet die eigentlichen Ramblas komplett. Die Verkaufspraxis seines Kollegen Sangat[*] macht den individuellen Charakter der Verkaufsstrategien der Bierverkäufer auf den Ramblas deutlich, denn Sangat verkauft saisonal durchgehend auf den Ramblas. Aufgrund der großen Fluktuation der Laufkundschaft gestaltet sich der Aufbau eines festen Kundenkreises deutlich schwieriger als auf anderen Verkaufsplätzen und er hat für die Verkäufer der Ramblas nur eine geringfügige Bedeutung.

Das Dosenbier wird, wie an den anderen Verkaufsorten, vor der Verbringung an die Verstecke in der Wohnung vorgekühlt. Ein Großteil der Verkäufer auf den Ramblas und Umgebung wohnt im angrenzenden Viertel Raval, das die höchste Konzentration von Pakistanern in Barcelona aufweist.[75] Dort und im Viertel Gótico befinden sich zahlreiche Wohnungen von Bierverkäufern, die sich durch eine karge Ausstattung und eine hohe Anzahl an Matratzen sowie Kühlschränken und Kühltruhen auszeichnen. Zarif und Sangat wohnen beide im Raval-Viertel. Eine Organisationsstruktur zur Durchführung des Verkaufs konnte bei den untersuchten Verkäufern nicht ausgemacht werden. Die Verkäufer arbeiten in Bezug auf Polizeivorwarnung, Geldwechsel und Dosenbereitstellung zusammen, behalten die eigenen Einnahmen jedoch komplett für sich. Die Dosen der günstigeren Handelsmarken werden bei größeren Supermarktketten wie Carrefour gekauft. Die Dosen der Marke Estrella werden bei kleineren Läden von Landsleuten bzw. Bengalen beschafft, da die Lateros diese in größerer Stückzahl dort günstiger erwerben können als in den großen Supermärkten. Vorwiegend sind auf den Ramblas Dosen der diversen Handelsmarken im Angebot. Es finden sich jedoch auch Verkäufer der Marke Estrella, die vor allem von Einheimischen verlangt und gekauft wird.

Der Verkäufer Sangat stammt aus dem indischen Punjab und ist der Religion Sikh zugehörig. Per Flugzeug und mit einem Touristenvisum ausgestattet kam er vor viereinhalb Jahren nach Barcelona und verdient sich seinen Lebensunterhalt, nach einer anfänglichen Tätigkeit als Bauarbeiter, seit zweieinhalb Jahren mit dem Bierverkauf sowie mit dem Verkauf von ‚Tirachinas'.[76] Einer von Sangats Brüdern arbeitet in Italien. Sangat ist derzeit auf der Suche nach einem Arbeitsvertrag bzw. einer heiratswilligen Person zur Erlangung einer Aufenthaltsgenehmigung, da er für einen Besuch seiner Familie in Indien ausreisen und anschließend wieder nach Spanien einreisen können möchte. Von Pakistanern hat der indischstämmige Sangat keine hohe Meinung, da er vor rund einem Jahr einem Pakistaner 2.000 Euro für einen Arbeitsvertrag bezahlt, sich dieser jedoch mit dem Geld in seine Heimat abgesetzt habe. Drogenverkauf lehnt er strikt ab, da die von der Polizei ausgehenden Gefahren zu groß seien und er Drogen generell ablehne. Sangats Arbeitstag beginnt mit dem Verkauf der ‚Tirachinas' gegen 20 Uhr, auf wechselnden Plätzen nahe den Ramblas, und geht dann - nachdem er zu Hause die gekühlten Dosen besorgt hat - gegen 23 Uhr mit

---

[*] Name geändert.
[75] Siehe Kapitel 2.1.2.
[76] Siehe Erklärung in Kapitel 1.1.

dem Bierverkauf auf den Ramblas weiter. Zarif hingegen beginnt seinen Arbeitstag erst gegen 24 Uhr direkt mit dem Bierverkauf auf den Ramblas.

Die wirtschaftliche Situation in Indien schätzt Sangat derzeit besser als diejenige in Spanien ein. Er ist von der Lebensrealität in Spanien enttäuscht: Durch die Auswirkungen der Finanzkrise habe er seinen ursprünglichen Arbeitsplatz im Bausektor verloren, und sein derzeitiger Verdienst mit dem Bier- und Spielzeugverkauf sei seit dessen Aufnahme stark rückläufig.

Für Zarif, pakistanischer Moslem, stellt der Bierverkauf die einzige Einnahmequelle dar. Überschüssige Einkünfte sendet er seiner Familie in Pakistan. Seit seiner Ankunft in Barcelona vor zwei Jahren arbeitet er durchgehend als Bierverkäufer und hofft auf eine Erlangung der Aufenthaltsgenehmigung mittels ‚Arraigo social' nach insgesamt drei Jahren Aufenthalt. Seine Chancen hierauf schätzt er jedoch als gering ein.

Die Verkaufszahlen hängen auf den Ramblas stärker vom Polizeiaufgebot ab als auf den anderen Plätzen. Die Verkäufer müssen eine Abwägung vornehmen zwischen Umsatzmaximierung und Verkaufsrisiko: Je früher sie sich vor der Polizei in Sicherheit bringen und je länger sie damit den potenziellen Kunden keine Ware anbieten können, desto geringer fällt ihr Umsatz aus. Entscheiden sie sich erst später zur Flucht, gehen sie das Risiko ein, von den Polizeibeamten des Platzes verwiesen zu werden und sämtliche bei sich getragenen Dosen abgeben zu müssen. Erfahrung und Stressresistenz sind, vor den Fähigkeiten in Kundenansprache und Kundenbindung, daher als die entscheidenden Faktoren für einen erfolgreichen Bierverkauf auf den Ramblas und Umgebung anzusehen. Im Gegenzug reichen die Einnahmen aus dem Bierverkauf auf den Ramblas ganzjährig über die Deckung der Lebenshaltungskosten hinaus. Ambitionierte Verkäufer stocken diese noch durch zusätzliche Tätigkeit im informellen urbanen Sektor auf, wie Sangat durch den Spielzeugverkauf.

4.2 Fazit über die Bierverkäufer

Die vier Standorte weisen heterogene Merkmale in Bezug auf Kundenkreis, Markenpolitik, Organisationsstruktur und durchschnittliche Einnahmen auf. Andere Kriterien der Verkäufer - wie Lagerhaltung, Verstecktaktik und soziales Umfeld - sind sich wiederum sehr ähnlich. Die geschilderten Erkenntnisse ergeben zusammengefasst, gegenübergestellt sowie erweitert um außerhalb der vier Fallstudien gemachte Erfahrungen und Beobachtungen einen umfassenden Eindruck der Bierverkäufer von Barcelona. Der im anschließenden Kapitel getrennt betrachtete migratorische Hintergrund der Bierverkäufer trägt entscheidend zum Verständnis der ethnischen und sozialen Geschlossenheit der Verkäufer und der Gründe für die Durchführung des Straßenverkaufs bei. Eine Sozialstrukturanalyse der Bierverkäufer stellt die gemeinsamen Merkmale der Bierverkäufer heraus und kombiniert die Fallbeispiele mit anderweitig gewonnenen Erkenntnissen über die Verkäufer und die Durchführung des Verkaufs. Die wirtschaftliche Betrachtung erklärt abschließend Teile der Verkaufspraxis vom ökonomischen Standpunkt und gibt quantitative Abschätzungen über den ambulanten Dosenbierverkauf in Barcelona ab.

4.2.1 Migratorischer Hintergrund

Der Beginn des regelmäßigen Bierverkaufs in Barcelona um das Jahr 2000 ist eng mit der zahlenmäßig gesteigerten Ankunft pakistanischer Immigranten verknüpft.[77] Nach übereinstimmenden Berichten von Anwohnern kopierten sie die Praxis des Bierverkaufs von einheimischen Jugendlichen, die auf Festivals und Straßenfesten bereits eventbezogenen Dosenbierverkauf in der Straße durchführten. Das Geschäftsmodell des regelmäßigen Verkaufs erwies sich als rentabel und etablierte sich schnell als neue Form des Straßenhandels der Pakistaner, die zuvor bereits Rosen-, Schmuck-, und Fächerverkauf betrieben hatten. Der Zugang zur Tätigkeit als Bierverkäufer erfolgt über Bekannte, die bereits in diesem Bereich arbeiteten. Als zu Beginn des neuen Jahrtausends die Einwandererzahlen aus Pakistan und Indien sprunghaft anstiegen, erhöhte sich auch die Anzahl der Bierverkäufer in den Straßen.

Wie in Abbildung 7 in Kapitel 2.3.3 dargestellt, sind ‚effektive Arbeitsnachfrage' und ‚Regularisierungsmöglichkeiten' die entscheidenden Triebfedern zur Durchführung eines Emigrationsprojekts. Das Projekt Emigration wurde im Falle Spaniens von der Nachfrage des nationalen Bausektors nach billigen Arbeitskräften angetrieben, die bis ins Jahr 2008 anhielt. Dieser ‚Pull-Effekt' sorgte dafür, dass viele der heutigen Bierverkäufer zuvor in Spanien, bzw. in anderen südeuropäischen Ländern wie Italien oder Griechenland, als illegale Arbeitskräfte im Bausektor beschäftigt waren. Die Arbeitsnachfrage im informellen Sektor ist im Falle Spaniens stark an die Lage auf dem formellen Arbeitsmarkt gekoppelt, da formeller und informeller Sektor – wie etwa durch Beschäftigung irregulärer Einwanderer in der Baubranche – eng miteinander verschränkt sind.[78] Die Einwanderung aus Südasien hält trotz der in Spanien auf mittlerweile über 20 Prozent gestiegenen Arbeitslosigkeit[79] weiter an. Ein Vertreter der pakistanischen Organisation ‚Cami de la Pau' [Weg des Friedens] beschreibt die Vorstellung der Menschen in Pakistan von den wirtschaftlichen Möglichkeiten in Spanien mit der Metapher, „dass in Spanien die Geldscheine wie Blätter an den Bäumen wüchsen und man sie nur noch herunter zu pflücken bräuchte" (Saadat[*], 23.02.2012). Viele der durch die wirtschaftliche Realität nach Ankunft im Zielland der Emigration desillusionierten jungen Männer finden sich allerdings letztlich als Bierverkäufer in der Straße wieder.

Da es derzeit keinerlei Arbeitskräftebedarf in Spanien gibt, sind die irregulären Immigranten auf die Zahlung beträchtlicher Summen für den zur Erlangung der Aufenthaltsgenehmigung mittels ‚Arraigo social' benötigten Arbeitsvertrag angewiesen. Die für Scheinarbeitsverträge auf dem Schwarzmarkt gezahlten Beträge haben sich in den drei bis vier Jahren nach Ausbruch der Finanzkrise von 1.000-2.000 Euro auf bis

---

77   Zur Entwicklung der Einwanderungszahlen siehe Kapitel 2.1.2.
78   Zur Beziehung zwischen formellem und informellem Sektor siehe Kapitel 2.2.1.
79   Für aktuelle Zahlen siehe Website des ‚Instituto Nacional de Estadística': http://www.ine.es.
*   Name geändert.

zu 6.000 Euro erhöht. Ausgestellt werden die Verträge sowohl von Einheimischen - katalanische Anwälte bieten Gesamtpakete inklusive eines gekauften Arbeitsvertrags an - wie von den eigenen Landsleuten. Durch die verstärkten Kontrollen der spanischen Behörden werden Scheinarbeitsverhältnisse jedoch immer häufiger enttarnt und der Arbeitsvertrag damit ungültig. Der Kauf eines Arbeitsvertrags ist somit zu einem mit erheblichem finanziellem Aufwand verbundenen Risiko geworden. Daher wird unter den Bierverkäufern die Heirat mit einer Spanierin oder einer aus einem anderen EU-Land stammenden Frau - oder Mann - als weitere Möglichkeit zur Erlangung einer Aufenthaltsgenehmigung zunehmend beliebter. Die Preise für die Schließung einer Scheinehe[80] bewegen sich in derselben Größenordnung wie die von Arbeitsverträgen.

Aufgrund der hohen Kosten für die Überfahrt nach Spanien, die bei den befragten Bierverkäufern je nach gewähltem Transportmittel, Reiseroute und benötigten Dokumenten zwischen 5.000 Euro und 15.000 Euro betrugen, sind die Immigrationswilligen auf finanzielle Zuwendungen durch ihre Familien angewiesen. Diese hohen Summen haben zur Folge, dass die Emigration für Personen aus den ärmeren Bevölkerungsschichten nahezu unmöglich wird. Die Familie muss über erhebliche finanzielle Mittel bzw. über Wertgegenstände oder Landbesitz verfügen, deren Verkauf die Auswanderung des Familienmitglieds ermöglichen kann.

Die fehlende ökonomische und persönliche Perspektive im Heimatland war für die meisten heutigen Bierverkäufer der Anlass für die Realisierung des Emigrationsprojekts. Daher stammt die Mehrzahl der befragten Bierverkäufer aus in der Landwirtschaft tätigen, für die lokalen Verhältnisse wohlhabenden Familien aus dem Punjab. Der ländliche Punjab bietet, abgesehen von der existenzsichernden Landwirtschaft, sowohl auf indischer wie auf pakistanischer Seite kaum Alternativen für die jungen, meist nur über einfache Schulbildung verfügenden Männer.[81] Nach Ankunft in Barcelona besitzen die jungen Männer kaum noch finanzielle Reserven und sehen sich genötigt, unmittelbar das eigene Überleben sowie zeitnah die erwarteten Rückzahlungen an die Familie in der Heimat zu leisten. Der Bierverkauf als von Pakistanern etablierte Erwerbsform des informellen urbanen Sektors wird in diesem Moment als Möglichkeit wahrgenommen, ohne Gefahr strafrechtlicher Verfolgung und Abschiebung den eigenen Lebensunterhalt zu bestreiten - sich ‚durchzuschlagen' [buscarse la vida].

4.2.2 Die Sozialstruktur der Bierverkäufer

Die Lateros sind Männer im Alter von 18 bis 60 Jahren - mehrheitlich zwischen 20 und 35 Jahren - die sich größtenteils irregulär in Spanien aufhalten. Sie wohnen mit Männern der gleichen Ethnie, die sich in ähnlich prekären Lebensumständen befinden und wie sie auf günstige Mieten angewiesen sind. In der Regel teilen sich mehre-

---

80 In Einzelfällen kommt es auch zu Liebesheiraten.
81 Den Frauen sind in den ländlichen Regionen Indiens und Pakistans in der Regel ausschließlich häusliche Tätigkeiten zugedacht.

re Männer einen Schlafraum. Dies ist jedoch für die Lateros nicht mit einem sozialen Abstieg verbunden, da gemeinsame Schlafräume bei Familien in Indien und Pakistan ohnehin eher die Regel als die Ausnahme sind.

Der Umgang der Einwanderer mit ihren Landsleuten, bzw. mit Personen ähnlicher Ethnie[82] ist von zwei Gegensätzen geprägt. Zum einen gibt es das von Khasib so bezeichnete ‚rote Kreuz' zur Unterstützung von Neuankömmlingen und Durchreisenden. Die Bierverkäufer zeigen sich mit Kleinkrediten im zwei- bis dreistelligen Bereich solidarisch gegenüber kurzfristig illiquiden Kollegen. Das eigene Netzwerk bildet insofern ein soziales Kapital, als dass Kontaktpersonen bei Arbeitsplatzsuche und Behördengängen helfen.[83] Zum anderen gibt es Fälle wie auf Platz 1, in denen etablierte Immigranten die problematische Lage von neu ankommenden Landsleuten ausnutzen und diese für ihr eigenes wirtschaftliches Fortkommen ausbeuten. Diese Praxis wird ebenso von Inhabern kleinerer Lebensmittelgeschäfte angewandt, die Landsleute ohne Aufenthaltsgenehmigung für zwölfstündige Arbeitsschichten an sechs Tagen pro Woche mit monatlich 200 bis 300 Euro entlohnen. Vermieter verlangen von ihren Mietern derselben Ethnie in einigen Fällen eine monatliche Zusatzabgabe, damit sie die Wohnadresse bei der Registrierung im Einwohnermelderegister ‚Padrón' bestätigen. Die Registrierung im ‚Padrón' ermöglicht die Regularisierung durch den ‚Arraigo social' nach drei Jahren und berechtigt zur Inanspruchnahme einer medizinischen Grundversorgung. Die unberechtigterweise erhobene finanzielle Forderung des Vermieters hält viele Pakistaner von der Registrierung im ‚Padrón' ab und sie sind somit nirgends offiziell erfasst.[84]

Rund zwei Drittel der Bierverkäufer stammen aus Pakistan und sind Muslime, ein Drittel stammt aus Indien und ist der Religion des Sikhismus zugehörig[85]. Die Religion spielt eine Rolle für die Tätigkeit als Bierverkäufer, da im Islam der Konsum und das Berühren von Alkoholika streng untersagt sind. Im Sikhismus ist der Alkoholgenuss ebenso verboten, wird jedoch nicht so streng gehandhabt wie im Islam. Für die Muslime ergeben sich aus dem Bierverkauf religiöse und soziale Konflikte mit Glaubensbrüdern. Von einigen Muslimen wird der Bierverkauf als notwendiges Übel für die ihn durchführenden Personen betrachtet, die von Allah aufgrund des derzeitigen Mangels an Alternativen zur Erwirtschaftung des Lebensunterhalts geduldet wird. Sehr religiöse Muslime sehen den Bierverkauf allerdings als Laster, mit dem lieber heute als morgen aufgeräumt werden sollte. Einige der Bierverkäufer trinken selbst Alkohol und rauchen Tabak, andere lehnen den Konsum strikt ab. Ha-

---

82 Als ‚ähnliche Ethnien' wird die Herkunft aus den Ländern Pakistan, Indien und Bangladesch angesehen.
83 Das pakistanische Kollektiv wird in dieser Hinsicht von spanischen Hilfsorganisationen als recht geschlossene Ethnie betrachtet, die eher im eigenen Umfeld nach Lösungen sucht als fremde Hilfe in Anspruch zu nehmen.
84 Diese Tatsache schränkt die Verlässlichkeit des ‚Padrón' für die Abschätzung der irregulären Immigration, wie in Kapitel 2.1.1 angedeutet, weiter ein.
85 In Einzelfällen handelt es sich bei den Indern auch um Hindus. Diese Gruppe wurde in der Feldforschung nicht betrachtet, da sich keine direkten Zugangsmöglichkeiten erschlossen und sie nach Angaben institutioneller Vertreter sehr klein ist.

mit von Platz 1 ist als Hafiz [Vorsänger] in einer Moschee aktiv. Der Kontrast zum Bierverkauf bringt ihm den Spott der anderen Verkäufer ein, da sie sein Doppelleben zwischen ausgeprägter Religiosität und Alkoholverkauf als Heuchelei empfinden.

Der Ausschluss aus weitreichenden Teilen des Stadtlebens aufgrund monetärer, rechtlicher, religiöser, beruflicher, ethnischer und sprachlicher Hürden stärkt den inneren Zusammenhalt der ethnischen Gruppen und der Religionsgemeinschaften. Die materielle Unterlegenheit im Verhältnis zur einheimischen Bevölkerung und zu den Touristen wird von einigen Verkäufern durch einen ausgeprägten Markenkult zu kaschieren versucht. Die Bierverkäufer fallen zwar in der Regel nicht durch ein gepflegtes Äußeres und noble Kleidung auf, besitzen jedoch für besondere Anlässe wie religiöse Feste einen ‚Ausgeh-Anzug'.[86] In Einzelfällen wie bei Akal, dem Gruppenanführer von Platz 2, wird beim Produktkauf sehr auf die Markel geachtet. Das Markenbewusstsein und seine Zurschaustellung reichen von der getragenen Jogginghosenmarke bis zur getrunkenen Whiskeysorte. Auf in sozialen Netzwerken veröffentlichten Fotos versuchen die Bierverkäufer nach außen hin einen positiven Eindruck ihres Lebens in Barcelona zu vermitteln und posieren in touristischer Manier vor Wahrzeichen der Stadt bzw. vor dem Meer. Fotos ihrer Lebensrealität, von ihrer Arbeit als Bierverkäufer oder ihrer Wohnsituation sind im Netz dagegen nicht zu finden.[87] Der Bierverkauf wird als vorübergehende Arbeitsstelle aus Notwendigkeit angesehen, die nicht in die eigenen Wertevorstellungen passt und nach außen hin nicht thematisiert wird.

Keinem der befragten Verkäufer gefällt es, sich den Lebensunterhalt durch unlizenzierten, illegalen Bierverkauf zu verdienen: „Ich mag diese Arbeit nicht, denn in Spanien ist es so: Spanier und andere Personen machen diese Arbeit nicht. Es ist eine niedrige Arbeit. [...] Aber ich will nicht klauen oder betteln: Gib mir 5 Euro. Das will ich nicht. Es geht darum zu arbeiten und die Miete und das Essen zu bezahlen. Das ist alles" (Khasib, 19.01.2012). Der Bierverkauf in der Straße wird durchgeführt, um sich - auf als ehrlich wahrgenommene Weise - den Lebensunterhalt solange zu verdienen, bis man den ‚Arraigo social' beantragen kann oder eine heiratswillige Frau findet.

Schon zuvor versuchen die Lateros dem Stigma (vgl. Goffman 1988), das ihnen als von der Polizei verfolgte illegale Straßenhändler in der eigenen Gemeinschaft wie in der spanischen Gesellschaft anhaftet, möglichst rasch zu entkommen. Die Suche nach höher angesehenen und besser bezahlten Beschäftigungen wird sowohl innerhalb wie auch außerhalb des eigenen sozialen Netzwerkes aktiv vorangetrieben. So reichte der Verkäufer Udam von Platz 2 einen Lebenslauf - mit gefälschten Angaben - bei Gastronomiebetrieben in der ganzen Stadt ein, um eine Arbeitsstelle als Küchenhilfe zu finden.

---

86 Akal von Platz 2 legte auf seine äußere Erscheinung besonderen Wert: Er hatte stets frisierte Haare, trug Markenkleidung und geputzte Schuhe. Hamit von Platz 1 erschien an einem arbeitsfreien Abend in einem Anzug und mit sehr gepflegtem Äußeren. Dieses Bild bot bei ihm einen starken Kontrast zu seiner sonst getragenen ‚Arbeitskleidung'.
87 Fotos am Arbeitsplatz als Küchenhilfe werden dagegen gepostet.

Da ein hoher Anteil der jungen Männer derselben Ethnie ohne Aufenthaltsgenehmigung ähnliche Tätigkeiten im informellen urbanen Sektor ausübt, werden die Bierverkäufer jedoch zumindest innerhalb ihres eigenen sozialen Umfelds (vornehmlich Mitbewohner oder Arbeitskollegen) weitgehend akzeptiert. Als Gruppe jedoch sind sie sowohl innerhalb ihrer Ethnie wie auch nach außen hin sozial isoliert und negativ stereotypisiert. Die hohe ethnische Geschlossenheit der Bierverkäufer wird in Barcelona nur in wenigen Ausnahmen durch einzelne, ebenfalls Bier verkaufende Marokkaner oder Chinesen durchbrochen. Sie erleichtert der Polizei das Vorgehen, da sie potenzielle Bierverkäufer leicht an der äußeren Erscheinung erkennen kann, und führt zur in Kapitel 1.2 vermuteten Stereotypisierung bei Touristen wie Einheimischen: Als der Autor mit zwei Bierverkäufern in der Altstadt unterwegs war, wurden diese von einem Touristenpärchen auf Marihuana angesprochen. Obwohl die beiden Lateros privat unterwegs waren und grundsätzlich nicht mit Drogen dealen, wurden sie aufgrund ihrer äußeren Erscheinung und ethnischen Zugehörigkeit für Drogendealer gehalten.

4.2.3 Die ökonomische Seite des Bierverkaufs

Die ethnische Geschlossenheit ruft allerdings nicht nur eine negativ besetzte, stereotypisierte Wahrnehmung von Indern und Pakistanern hervor, sondern ruft im Gegenzug auch einen für die Verkäufer wertvollen Wiedererkennungswert bei den Kunden hervor. Nachts umherstehende Pakistaner werden sofort als Bierverkäufer identifiziert und müssen kaum Marketinganstrengungen unternehmen, um auf die von ihnen angebotene Dienstleistung Bierverkauf aufmerksam machen. Nach mehrmaligem, zur Zufriedenheit des Kunden verlaufenden Kaufs entwickelt sich ein Vertrauensverhältnis, aus dem die in den Fallbeispielen geschilderte Bildung eines Stammkundenkreises folgt. Da sich die südasiatischen Bierverkäufer vom Blickwinkel eines ‚ungeübten' Europäers her oft sehr ähnlich sehen, entsteht ein Vertrauensverhältnis sogar, wenn es sich eigentlich um einen anderen Verkäufer der gleichen Ethnie handelt. Die gemeinsame Sprache Urdu/Panjabi hilft den Verkäufern bei Absprachen im Geschäftsalltag. Warnungen vor der Polizei können ausgesprochen werden, ohne dass Außenstehende der Konversation folgen können. Die fremde Sprache stellt somit einen Wettbewerbsvorteil gegenüber Personen anderer Ethnien dar, die in den Bierverkauf einsteigen möchten.

Die meistverkaufte Marke der Lateros, mit geschätzt über 80 Prozent der verkauften Dosen, ist das Estrella-Bier der lokalen Estrella Damm Brauerei. Deren Schriftzug gilt als Qualitätssignal gilt, und die rote Dose bleibt im Gedächtnis und sorgt für einen Wiedererkennungswert. Erfahrene Verkäufer bieten jedoch speziell Touristen die in der Beschaffung weitaus günstigeren Handelsmarken an. Diese vertreiben sie zum gleichen Preis und mit einer höheren Gewinnspanne, da Touristen die Marken oft nicht auseinanderhalten können.

Der Verkaufspreis beträgt in der Regel 1 Euro, ist jedoch beim Kauf mehrerer Dosen nach unten verhandelbar. Umgekehrt streben die Bierverkäufer nach Gewinnmaximierung, indem sie die höhere Zahlungsbereitschaft der Touristen ausnutzen und von ihnen 1,50 Euro bis 2 Euro pro Dose verlangen. Die angebotene Marke ist außerdem von der örtlichen Kundenstruktur abhängig (siehe Fallstudien). Handelt es sich beim Kundenkreis mehrheitlich um einheimische Personen, wird Estrella Damm verkauft. Die billigeren Handelsmarken würden zu häufig auf Ablehnung stoßen und die höhere Gewinnspanne pro verkaufter Dose könnte die erlittenen Umsatzeinbußen nicht ausgleichen. An Verkaufsorten mit mehrheitlich touristischem oder bereits alkoholisiertem Publikum greifen die Lateros auf Handelsmarken zurück. Ausländische Touristen erkennen bei den spanischen Biermarken von außen oft nicht den Qualitäts- bzw. den Preisunterschied. Bei alkoholisierten Personen wiederum ist der Kaufwunsch ohnehin so groß, dass sie die Qualität zum Kaufzeitpunkt entweder nicht in ihre Entscheidung einbeziehen oder als der Verfügbarkeit untergeordnetes Kriterium betrachten.

Für die quantitative Abschätzung der Anzahl an Bierverkäufern wurde die Stadt Barcelona per Rad und mit einem Handzähler ausgestattet abgefahren.[88] Abbildung 13 zeigt die vorgefundene Verteilung der Bierverkäufer über die Stadt. Deutlich wird die starke Konzentration auf die Stadtteile Gótico (1), Raval (2), Gràcia (3) sowie den Port Olímpic (4). In diesen Bereichen findet ein Teil des Nachtlebens von Barcelona auf sehr engem Raum statt. In den Stadtteilen Eixample und Sants gibt es zwar auch Ausgehmöglichkeiten, jedoch liegen diese weiter voneinander entfernt. Durch die weiträumigere Verteilung von Bars und Diskotheken kommt es nicht zur Konzentration potenzieller Kunden, sodass die Gegenden für Straßenverkäufe weniger attraktiv sind.[89]

Da Pakistaner und Inder vermehrt in den Stadtteilen Gótico und Raval wohnen, sind diese Stadtteile für sie wegen der Lager- und Fluchtmöglichkeiten in die eigenen Wohnungen hervorragend als Verkaufsorte geeignet. In Gràcia finden sich einige Plätze, auf denen regelmäßig Botellóns stattfinden. Ein großer Anteil der Bevölkerung dort ist im besten Kundenalter zwischen 25 und 40 Jahren. Im Hafengebiet wiederum befindet sich eine Vielzahl an Diskotheken, die von meist trinkfreudigen jungen Personen besucht werden. Weitere Verkaufszonen befinden sich am rechten Kartenrand um die Großraumdiskotheken in Poblenou und Badalona.

Neben dem täglichen und dem auf die Öffnungsnächte der Diskotheken beschränkten Verkauf gibt es auch eventbezogenen Verkauf. Events können ein- und mehrabendliche Festivals, Straßenfeste oder Konzerte sein. Die Bierverkäufer sind vor nahezu jeder Massenveranstaltung zu finden und brechen hierfür temporär ihre sonstige Verkaufsroutine aus, um die höheren Verdienstmöglichkeiten auf den Veranstaltungen abschöpfen zu können.[90]

---

88 Die Zählung erfolgte in den Nächten vom Samstag, dem 07.04.2012 und Montag, dem 09.04.2012.
89 Vereinzelt finden sich jedoch auch in diesen Stadtteilen Bierverkäufer.
90 Als Beispiel dienen die Vorbereitungen einer Gruppe von fünf Bierverkäufern auf ein Konzert im Palau San Jordi mit mehreren Tausend Gästen: Die Bierverkäufer präparierten umliegende

Die zwischen fünf und sieben Nächten ganzjährig arbeitenden Bierverkäufer werden im Zentrum Barcelonas - auf Grundlage der eigenen Zählung - auf etwa 400 Personen geschätzt. In den weiteren Teilen der Àrea Metropolitana de Barcelona, die neben der Comarca Barcelona u.a. Llobregat umfasst, werden auf Grundlage von Anwohnerberichten und Einschätzungen des Nachtlebens dort mindestens weitere 200 Verkäufer vermutet. 200 bis 400 Männer sind es, die den eventbezogenen Verkauf, den Verkauf am Wochenende und den saisonal beschränkten Verkauf – beispielsweise am Stadtstrand Barcelonas in den Sommermonaten – durchführen. Diese Verkäufer sind nicht in jedem Fall identisch mit den regelmäßigen Verkäufern. Die Abschätzungen werden gestützt durch die Angaben des Präsidenten der ATP, Javed Ilyas Qureshi, der die Anzahl der Bierverkäufer in der Metropolregion Barcelona mit 800 bis 1.000 angibt.

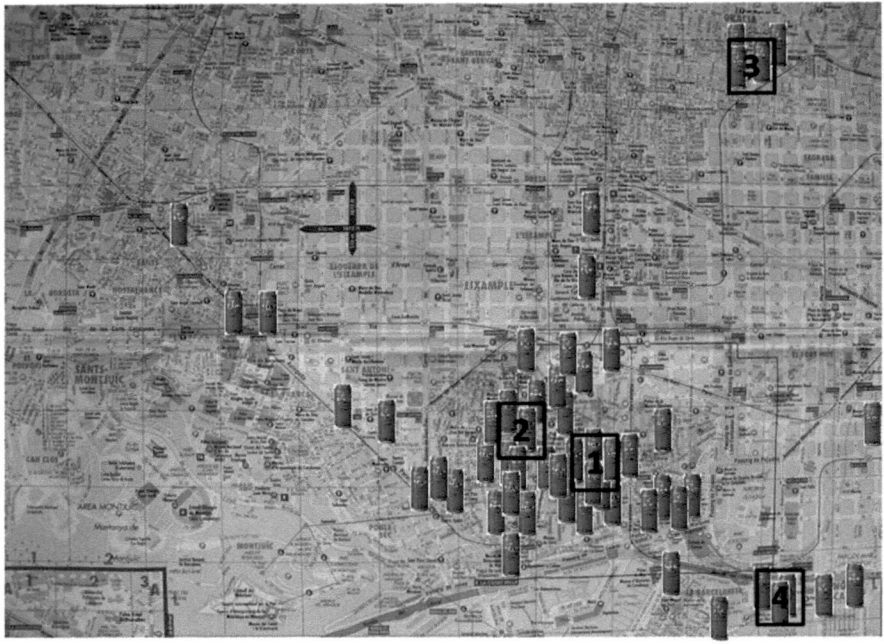

Abbildung 13: Verteilung der Bierverkäufer in Barcelonas Zentrum (Autor)

Auf Basis des zum Lebensunterhalt notwendigen Verkaufs und weiterer Annahmen wird eine Untergrenze für die Anzahl der verkauften Dosen pro Latero getroffen.

Mülleimer, Revisionsschächte und Hecken mit Dosen, die später an die auf Einlass in die Halle wartenden Fans verkauft werden sollten.

Fazit über die Bierverkäufer

Geht man von 600 Männern aus, die sich in der Metropolregion ihren Lebensunterhalt hauptsächlich durch Bierverkauf verdienen, und legt einen Verdienst von 300 Euro pro Monat zugrunde, so ergibt sich ein Jahresverdienst von 3.600 Euro pro Person und insgesamt 2,16 Millionen Euro. Bei einer Aufteilung von 80 Prozent Estrella zu 20 Prozent Handelsmarken, dem Verlust von 10 Prozent der Dosen an die Polizei[91] und einem durchschnittlichen Verkaufspreis von einem Euro - inklusive Mengenrabatt und Preisaufschlag bei Touristen - beträgt der durchschnittliche Gewinn pro Dose rund 60 Cent. Zur Erwirtschaftung der Lebenshaltungskosten von 300 Euro ist also der Verkauf von 500 Dosen pro Monat und 6.000 Dosen pro Person pro Jahr sowie von 3,6 Millionen Dosen auf alle Verkäufer gerechnet nötig.[92] Der event- und saisonalbeschränkte Verkauf wird von einem Personenkreis von minimal 200 Verkäufern an durchschnittlich acht Verkaufstagen pro Monat durchgeführt, die jeweils rund 40 Dosen pro Verkaufstag umsetzen. Dies ergibt mindestens 768.000 weitere verkaufte Dosen jährlich. Die minimale Anzahl verkaufter Dosen pro Jahr beträgt damit in Summe jährlich rund 4,5 Millionen. Geht man jedoch von den maximalen 400 statt 200 saisonal- und eventbezogen verkaufenden Personen aus und berechnet den Umsatz der regelmäßigen Verkäufer auf Basis der Umsatzzahlen pro Nacht – siehe Fußnote 93 – so kommt man auf einen Wert von immer noch konservativ geschätzten 6,5 Millionen Dosen. Der Gesamtumsatz der Bierverkäufer von Barcelona dürfte damit in einer Bandbreite zwischen 4,5 und 8 Millionen Dosen pro Jahr liegen.

Aufgrund der hohen saisonalen Schwankungen und der Abhängigkeit vom Wochentag, wie sie aus den Zahlen in einer Übersicht (verfügbar unter www.springer.com auf der Produktseite zu diesem Buch) hervorgehen, müssen die aus der Studie hervorgehenden Verkaufs- und Gewinnzahlen als Schätzwerte angesehen werden. Für genauere Angaben wäre eine im vorgegebenen Zeit- und Kostenrahmen nicht zu leistende extensivere und intensivere Beobachtung nötig gewesen. Aussagen zum exakten monatlichen Einkommen oder durchschnittlichen Stundenlohn eines Bierverkäufers, wie sie Venkatesh nach mehrjähriger teilnehmender Beobachtung in seiner in Kapitel 2.3.1 erwähnten Studie über eine Gruppe von Crackdealern treffen konnte, sind daher bei der vorliegenden Studie nicht möglich.[93] Die in den letzten 10 Jahren stetig angestiegene Anzahl an Verkäufern und die von ihnen umgesetzte Verkaufsmenge hat jedoch unzweifelhaft eine Größenordnung erreicht, die staatliche Stellen und Gastronomiebetriebe auf den Plan ruft. Von deren Seite werden keine empirisch fundierten Zahlen angeführt, weshalb die Zahlen aus der vorliegenden Studie trotz deren explorativen Charakters die wohl genauesten Angaben zu ökonomischen Aspekte der Bierverkäufer von Barcelona sind.

---

91 Eigene Abschätzung, die auf den Beobachtungsprotokollen basiert.
92 Berechnet man die Verkaufszahlen anhand des geschätzten Umsatzes pro Nacht, so kommt man auf mindestens 5 Millionen verkaufter Dosen pro Jahr.
93 Bei der von Venkatesh untersuchten Gang gab es einen Buchhalter, der Einnahmen und Ausgaben detailliert gegenüberstellte. Die Bierverkäufer jedoch sind sich ihres Einkommens auf Monatsbasis nicht bewusst, da sie sich eigenen Aussagen zufolge beim Verkaufen auf ungefähre Erfahrungswerte stützen und nicht über ihre Verkaufszahlen Buch führen.

5 Wirtschaftswissenschaftliche Analyse

> „In den Sozialwissenschaften herrscht eine fortwährende Spannung zwischen den Theorien, die wir konstruieren, und dem Tatsachenmaterial, das wir zum Thema menschlicher Interaktion in der Welt um uns sammeln. Am deutlichsten zeigt sich das in der Ökonomie, wo der Gegensatz zwischen den logischen Folgerungen der neoklassischen Theorie und den Leistungen von Wirtschaften (wie auch immer man diese definiert und misst) überraschend groß ist" (North 1992: 13).

Abbildung 14 zeigt die Akteure, die sich im Verlauf der Feldforschung für den Markt des ambulanten Bierverkaufs ohne Genehmigung als relevant erwiesen haben. An die Darstellung von Geschäftspraxis und Charakteristika der Verkäufer in Kapitel 4 schließt sich nun eine Analyse des Marktumfeldes an.

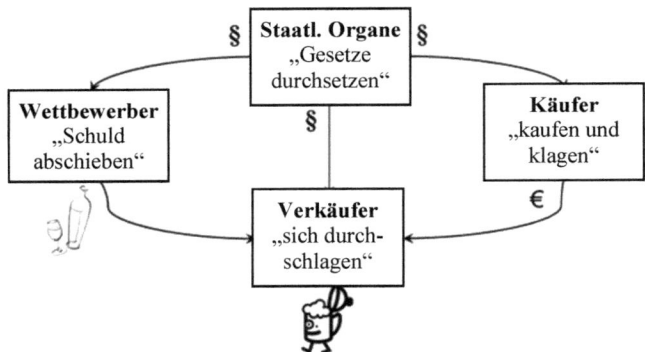

Abbildung 14:   Die Marktakteure und ihr stereotypes Rollenverständnis (Autor)

Zur Veranschaulichung der Marktstruktur dient das Modell der Branchenstrukturanalyse aus dem strategischen Management. Es unterscheidet fünf treibende Kräfte, die das Marktgeschehen aus Anbietersicht maßgeblich beeinflussen. Im Rahmen der Analyse wird auf das Verhalten sämtlicher Akteure eingegangen und ihr Zusammenwirken herausgearbeitet. Der Markt des Bierverkaufs unterliegt Mechanismen, die den Konstellationen im formellen Sektor sehr ähnlich sind. Das sich aus Interaktion und Rollenverständnis herausbildende Marktgeschehen kann mit dem Modell der Branchenstrukturanalyse jedoch nicht zufriedenstellend erklärt werden, weshalb anhand der Neuen Institutionenökonomik die Erweiterung dieses Modells um einen bisher vernachlässigten Faktors erfolgt.

5.1 Der Markt des ambulanten Dosenbierverkaufs in der Branchenstrukturanalyse

Die Anwendung der Branchenstrukturanalyse auf den Markt des Bierverkaufs in Barcelona beruht auf den empirisch gesammelten Daten der Studie. Neben den Daten über die Bierverkäufer wurden im Rahmen der durchgeführten Multi-Sited Ethnography Daten über andere relevanter Akteure gesammelt, die nun in die Analyse einfließen. Abbildung 15 veranschaulicht die fünf Kräfte, die Porter zufolge auf die Vertreter einer Branche[94] wirken.

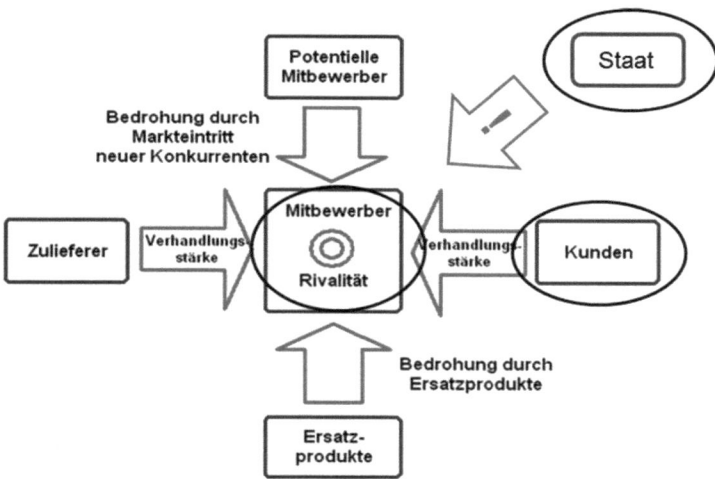

Abbildung 15: Erweiterte Branchenstrukturanalyse (adaptierte Vorlage: http://upload.wikimedia.org/wikipedia/commons/6/6b/Branchenstrukturmodell-Five-forces.gif, 05.07.2012)

Als zusätzliche, in Porters Darstellung der Wettbewerbskräfte vernachlässigte Größe ist der Staat eingezeichnet, der für den informellen urbanen Sektor eine größere Rolle als in den formalisierten Bereichen spielt.[95] Jede der von Porter identifizierten Kräfte wird theoriebasiert definiert und mit ihren Ausprägungen auf dem polypolen[96] Markt für ambulanten Dosenbierverkauf in Barcelona in Verbindung gebracht.

---

94 Die Branche ist in diesem Fall der ambulante Dosenbierverkauf.
95 In denen sich wirtschaftswissenschaftliche Analysemodelle in westlichen Ländern üblicherweise bewegen.
96 Marktform, die sich durch das Bestehen einer Vielzahl von Anbietern, die einer Vielzahl an Nachfragern gegenüberstehen, charakterisieren lässt.

5.1.1 Potenzielle Mitbewerber

Die stark homogene Verkäuferstruktur, bestehend aus pakistanischen und indischen Männern jungen bis mittleren Alters, wirft die Frage nach einer Abschottung des Marktes gegenüber anderen Personenkreisen auf. Entweder ist der Verkauf nicht attraktiv genug für andere Gruppen, potenzielle Konkurrenten werden am Verkauf gehindert oder es sind spezielle Kenntnisse gefordert, deren Aneignung essentiell für ein erfolgreiches Bestehen im Markt ist. Was sind im Fall des Bierverkaufs die Hürden, die potenzielle Mitbewerber vom Markteintritt abhalten? Porter misst den Grad der Bedrohung durch neue Konkurrenten anhand der bestehenden Eintrittsbarrieren, den zu erwartenden Gegenmaßnahmen durch die etablierten Akteure und der Veränderung von strukturellen Bedingungen (vgl. Porter 1999 [1]: 32).

Die zu erwartenden Gegenmaßnahmen gegenüber neuen Konkurrenten werden bei bestehender Möglichkeit zu Preissenkungen und einem langsamen Branchenwachstum, unter dem die Aufnahme neuer Akteure zwangsläufig mit einem Ertragsverlust für die etablierten Akteure verbunden ist, tendenziell höher ausfallen (vgl. ebd.: 32). Die Eintrittsbarrieren für Neulinge sind in einer Branche umso höher, je mehr Größenvorteile bestehen, je höher der Kapitalbedarf ist und je differenzierter das Produkt, etwa durch die Herausbildung einer Marke, ist. Während Größenvorteile und Kapitalbedarf in der derzeitigen, individualisierten Struktur des ambulanten Bierverkaufs vernachlässigbare Faktoren sind, spielt der Aspekt ‚Marke' eine gewichtige Rolle. Durch die ethnische Geschlossenheit der Anbieter wird die Dienstleistung Bierverkauf vom Passanten direkt mit pakistanischen bzw. indischen[97] Männern in Verbindung gebracht und wird damit zu einer öffentlich wahrgenommenen Marke. Bei Markteintritt würde einem Neuling, der sich optisch stark von der Masse der anderen Verkäufer unterscheidet, vonseiten regelmäßiger Käufer mit Skepsis begegnet werden. Zudem erschweren größenunabhängige Kostennachteile den am Beginn der Lernkurve stehenden Neueinsteigern den Markteintritt (vgl. ebd.: 30f.). Eine Lernkurve im ambulanten Bierverkauf ergibt sich durch die Erfahrung im Umgang mit der Polizei, der richtigen Marketingstrategie im Kundenumgang und der gewählten Lager- und Verstecktaktik.

Nachfolgender Interviewausschnitt gibt die Sichtweise von Javed Ilyas Qureshi (J), dem Präsidenten der pakistanischen Arbeitervereinigung in Katalonien (ATP), zum Markteintritt neuer Akteure wieder:

I: Aber – man benötigt doch keine Fähigkeiten oder Kenntnisse um Bier zu verkaufen, oder?

J: Doch, doch!!!

I: Man benötigt einen Kühlschrank, eine Gefriertruhe,…

---

[97] In der Regel werden die Inder von den Kunden für Pakistaner gehalten, da diese die Mehrzahl der Verkäufer darstellen und ein optischer Unterschied auf den ersten Blick nicht auszumachen ist.

J: Nein, nein, nein. Es würde Streit geben. Du kannst nicht dort verkaufen, wo mehrere Pakistaner verkaufen. Sie verkaufen einfach billiger als du, wie viele Tage wirst du durchhalten? So schaffen sie sich die anderen vom Hals.

Im Jahr 2009 führte der Autor gemeinsam mit zwei Kommilitonen einen nächtlichen Selbstversuch zum Bierverkauf durch. Von den etablierten Verkäufern wurden damals keine Gegenmaßnahmen ergriffen, jedoch hat der Wettbewerb seither stark an Intensität zugenommen.[98] Die gemeinsame, fremde Sprache und die gegenseitige Unterstützung stellen für die pakistanischen und indischen Bierverkäufer Vorteile gegenüber potenziellen Mitbewerbern dar, die sie in der Verkaufspraxis ausspielen können. Die in den Fallstudien herausgestellte Bedeutung von Stammkunden für den Umsatz kann als weitere Markteintrittsbarriere angesehen werden. Ein etablierter Kundenstamm sichert einen gewissen Grundumsatz, den die Käufer exklusiv beim Verkäufer ihres Vertrauens tätigen.

Die genannten Hürden für potenzielle Mitbewerber können die ethnisch homogene Verkäuferstruktur nicht erklären. Sie sind nicht so hoch, als dass sie von Neulingen nicht übersprungen werden könnten. Ein auf potenzielle Mitbewerber abschreckend wirkendes Kriterium ist die geringe Attraktivität der Branche im Hinblick auf mögliche Einnahmen, die Durchführung der Tätigkeit und des Prestiges. Der Bierverkauf in der Straße genießt wie alle Straßenverkäufe kein hohes gesellschaftliches Ansehen. Der Verdienst bewegt sich aktuell je nach Ort, Saison, Wochentag und aufgebrachter Arbeitszeit zwischen 200 Euro und 500 Euro. Bei einer Jugendarbeitslosigkeit von über 50 Prozent in Spanien dürfte der Bierverkauf jedoch trotz des geringen Verdienstes auch für Einheimische generell eine Möglichkeit darstellen, sich auf informellem Weg einen zusätzlichen Verdienst zu erwirtschaften.[99] Das größte Hindernis für potenzielle Mitbewerber stellt der rechtliche Rahmen dar, der den Bierverkauf ohne Genehmigung in Barcelona zu einer polizeilich verfolgten wirtschaftlichen Aktivität werden lässt. Die pakistanischen und indischen Verkäufer verstoßen durch den irregulären Aufenthalt in Spanien ohnehin gegen geltendes Recht, was für sie die emotionale Hürde zur Aufnahme einer irregulären Arbeit stark verringert. Zudem sind sie aufgrund ihres irregulären Status für die staatlichen Behörden schwer aufzufinden und daher kaum nachträglich zu sanktionieren. Die besonders in der Informalität bedeutende Rolle des Staates wird im Rahmen der Branchenstrukturanalyse nicht in einer seiner Tragweite angemessenen Weise herausgestellt.

---

98 Siehe Anhang 2.1 (Interview Khasib unter www.springer.com auf der Produktseite dieses Buches).
99 Der Anteil an einheimischen Lateros in Madrid wird mittlerweile auf bis zu 20 Prozent geschätzt: http://www.20minutos.es/noticia/1507548/0/lateros/espanoles/paro/, abgerufen am 22.08.2012.

5.1.2 Zulieferer

Die Verhandlungsmacht der Lieferanten ist nach Porter umso höher, je stärker konzentriert sie im Verhältnis zur belieferten Branche sind (vgl. Porter 1999 [1]: 34f.). In Barcelona versorgen sich 600 bis 800 Lateros einzeln oder im Gruppenverband mit ihrem Verkaufsgut Dosenbier. Als Zulieferer stehen ihnen Filialen von Supermarktketten wie Eroski, Carrefour, Lidl, Caprabo, Mercadona sowie weitaus kleinere, zumeist von Pakistanern, Indern, Bengalen oder Chinesen betriebenen Lebensmittelgeschäfte zur Verfügung. Aus dem Verhältnis von Zulieferern zu Abnehmern ergibt sich für keine der beiden Seiten zahlenmäßig ein Vorteil.

Für die Supermarktketten stellt der Absatz von Dosenbier einen kleinen Teil des Umsatzes dar, von dem wiederum nur ein Teil auf die Lateros entfällt. Differenziert zu betrachten ist die Situation bei den inhabergeführten, unabhängigen Lebensmittelgeschäften. Für diese dürfte der Umsatz durch Vertrieb an Straßenverkäufer im Einzelfall durchaus ins Gewicht fallen. Bei ihnen kann von einer Kooperation bzw. engen Verbindung mit den ambulanten Bierverkäufern in der Straße ausgegangen werden. Polizeiliche Pressemitteilungen wie vom Mai 2012 - ‚Guardia Urbana beschlagnahmt 31.200 Dosen in den ersten beiden Nächten des Stadtfestes La Mercè' - legen diesen Schluss nahe (Europa Press 2012). Die Dosen wurden in fünf Lagerräumen, die teilweise zu kleinen Supermärkten gehörten, entdeckt und waren nach Polizeiangaben für den Straßenverkauf bestimmt. Eine weitere Verkäufer-Lieferanten-Variante stellt die auf Platz 1 vorgefundene Beschäftigung von Lateros durch einen Geschäftsinhaber gleicher Herkunft dar. Diese Form der Vorwärtsintegration[100] durch den Zulieferer, mittels informell ‚angestellter' Straßenverkäufer, dürfte in Barcelona allerdings nicht die Regel darstellen. Die im Rahmen dieser Studie erhobenen Daten reichen weder zur Entkräftung noch zur Stützung der von der Polizei kolportierten Darstellung krimineller Organisationen im großen Stil aus.

Auf Fallstudien und den Informationen aus weiteren Gesprächen mit Bierverkäufern gründend wird davon ausgegangen, dass die Lateros Handelsmarken direkt in den Filialen der entsprechenden Supermärkte kaufen. Im Gespräch bestätigte die stellvertretende Filialleiterin eines Carrefour-Marktes, dass sich unter den Kunden besonders an Freitagen, Samstagen und Montagen eine gehäufte Anzahl von Pakistanern und Indern befindet, die große Mengen an Dosenbier abnehmen. Als Reaktion darauf wurde vom Supermarktmanagement eine Mengenbegrenzung der pro Kunde verkauften Dosen eingeführt.[101] Khasib, Bierverkäufer im Hafen Barcelonas, verkauft Bier der Marken Aurum und Steinburg - Aurum ist die Eigenmarke der Supermarktkette Eroski, Steinburg diejenige von Mercadona.[102]

---

100   Übernahme einer nachgelagerten Stufe im Wertschöpfungsprozess.
101   Die stellvertretende Filialleiterin konnte sich im Interview jedoch nicht an die Höhe der Begrenzung erinnern, sie scheint also für das Supermarktmanagement keine allzu große Rolle zu spielen.
102   Beide Biersorten werden von einer der Damm-Gruppe (die auch das Estrella-Bier braut) zugehörigen Brauerei hergestellt, der Font Salem S.A. Die Damm-Gruppe ist eine der größten spa-

Estrella Damm, die bei weitem meistverkaufte Marke der Bierverkäufer, wird von den Lateros in kleinen Läden von Landsleuten bezogen. Diese Läden wiederum erhalten das Bier zu vergünstigten Konditionen von Zwischenhändlern und geben einen Teil des Rabatts ab einer entsprechenden Abnahmemenge an die Straßenhändler weiter. Insgesamt 500 Zwischenhändler aus ganz Spanien werden von Damm mit Bier beliefert. Ein Direktvertrieb ab Brauerei erfolgt weder an Gastronomie noch an den Einzelhandel. Damm sieht sich aufgrund des indirekten Vertriebs über Zwischenhändler nicht in der Verantwortung für den Endvertrieb seiner Produkte. Nur bei Anzeichen von Unregelmäßigkeiten werden Zwischenhändler genauer unter die Lupe genommen und die Belieferung sogenannter als ‚Piratas' [Piraten] identifizierter unlauterer Zwischenhändler wird im Zweifel gestoppt.

In der Metropolregion Barcelona belief sich der Einzelhandelsumsatz von Dosen der Marke Estrella Damm im Jahr 2011 auf rund 43,4 Millionen Stück. In der Comarca Barcelona, in der zwei Drittel der Einwohner der Metropolregion wohnt, wurde der Verkauf durch die Lateros auf die in Kapitel 4.2.3 errechneten 4,5 bis 8 Millionen Dosen pro Jahr geschätzt - wovon rund 80 Prozent auf die Marke Estrella entfallen. Obwohl also mindestens 10 Prozent des Einzelhandelsumsatzes von Dosen der Marke Estrella Damm auf die Bierverkäufer entfällt, beschäftigt sich die Brauerei nach Angaben von Brand Managerin Cristina Coll nicht näher mit dem Phänomen der Lateros.[103] Das Problem wird vollständig der Stadtverwaltung und den Polizeibehörden überlassen.

5.1.3 Kunden

Entscheidende Kriterien für die Verhandlungsposition als Kunde ist der Informationsgrad über den üblichen Marktpreis, über die Markenqualität sowie über die Temperatur des angebotenen Dosenbiers. Der Informationsgrad ist bei den Bewohnern Barcelonas in der Regel höher als bei den Touristen, weshalb den Touristen, auch ‚Guiris' genannt, tendenziell minderwertige Qualität verkauft und/oder ein höherer Preis abverlangt wird. Bei einer im April 2012 durchgeführten Umfrage[104] unter Passanten gaben 9,7 Prozent der Käufer unter den Bewohnern und 24,1 Prozent der Käufer unter den Touristen an, im Schnitt 1,50 Euro oder mehr pro Dose bezahlt zu haben. Der übliche Marktpreis beträgt 1 Euro. Von 32,7 Prozent der befragten Bewohner werden die Bierverkäufer als nützlich erachtet, bei den befragten Touristen sind nur 13,8 Prozent dieser Meinung. Käufer klagen oft trotz der Nützlichkeit für sie im gleichen Atemzug über die Belästigung durch die Bierverkäufer. Die Mehrheit der

---

nischen Brauereien. Sie hat in Spanien einen Marktanteil von rund 25% am gesamten Bierumsatz. Zahlen zum Absatz in Barcelona befinden sich im Anhang 8.
103 Frau Coll war im Gespräch überrascht von der hohen Verkaufszahl durch die Lateros, die sie nicht erwartet hatte.
104 Die ausführliche Statistik der Umfrage findet sich im Anhang 6.4. Grundgesamtheit: 300 Personen; davon 163 männlich, 137 weiblich; 138 Touristen/Tagesbesucher/geschäftlich Reisende, 162 feste und temporäre Einwohner. Umfrage durchgeführt in Parks, am Strand, in Warteschlangen, an der Universität und im persönlichen Umfeld.

Touristen steht dem Phänomen Bierverkauf indifferent gegenüber und hat noch nie bei den Lateros Bier gekauft. Trotz der fehlenden Repräsentativität korreliert die Umfrage mit dem aus den Beobachtungen und Gesprächen gewonnenem Bild über die Nachfragestruktur. Auch die erwartete höhere Zahlungsbereitschaft bei den Touristen bestätigt sich: Ganze 19,3 Prozent der Touristen und nur 8,3 Prozent der Bewohner, die jeweils noch nie Bier in der Straße gekauft haben, würden 1,50 Euro oder mehr pro Dose bezahlen.

Die Verhandlungsmacht der Abnehmer hängt stark vom Organisationsgrad der Anbieter und der Anzahl der Nachfrager am entsprechenden Ort ab. Auf Platz 1 gewähren die beiden Verkäufer Hamit und Oman den Abnehmern erst ab dem Kauf eines Sechserpacks einen Rabatt von einem Euro. An anderen Orten mit individualisierter Angebotsstruktur und größerer Konkurrenz, wie beispielsweise im Hafengebiet, werden schon bei niedrigeren Stückzahlen Rabatte angeboten. Nach Porter ist die Verhandlungsmacht der Abnehmer branchenunabhängig größer, wenn folgende Kriterien erfüllt sind:

- Hoher Konzentrationsgrad bzw. hohe Abnahmemenge
- Abnahme standardisierter bzw. undifferenzierter Produkte
- Geringer Nutzen durch das Produkt (Gewinnanteil)
- Nicht auf dieses Produkt angewiesen, Qualität nicht entscheidend
- Keine Einsparungen durch Verwendung des Produkts
- Drohung mit Rückwärtsintegration (vgl. Porter 1999 [1]: 34f.)

Gruppen bzw. Stammkunden haben eine größere Verhandlungsmacht, da die Bierverkäufer sich einen hohen bzw. regelmäßigen Umsatz von ihnen erhoffen. Bei Dosenbier handelt es sich um ein hochgradig standardisiertes Produkt, was die Verhandlungsposition der Abnehmer stärkt. Der Verkäufer kann die Eigenschaften seiner Verkaufsware lediglich durch geschickte Markenauswahl und einen optimalen Kühlungsgrad positiv beeinflussen. Die Kunden der Lateros sind weder auf den Konsum des Produktes angewiesen, noch haben sie vom Genuss abgesehen einen erweiterten Nutzen durch das Dosenbier. Bierkonsum ist nicht lebensnotwendig und wird daher in Krisenzeiten reduziert. Die Bierverkäufer klagen als Folge der Finanzkrise in den vergangenen drei Jahren über einen starken Umsatzrückgang. Jugendliche Käufer versuchen zudem vermehrt, bei den Bierverkäufern nachzuverhandeln. Sie verfügen über ein im Schnitt deutlich geringeres Budget als in den Vorjahren. Die Drohung mit Rückwärtsintegration[105] durch die Käufer ist für den Markt des Bierverkaufs insofern relevant, als die Käufer die Distributionsstufe der Straßenhändler überspringen können und direkt im Supermarkt kaufen. Diese Form der Rückwärtsintegration ist vermehrt zu beobachten: Das Bier wird tagsüber günstiger in Literflaschen im Su-

---

105 Übernahme einer vorgelagerten Stufe im Wertschöpfungsprozess.

permarkt eingekauft und abends bzw. nachts mitgeführt und konsumiert. Zudem gibt es in der Innenstadt einige kleinere Läden, die auch nach 23 Uhr illegalerweise noch Bier verkaufen.

Der größte Wettbewerbsvorteil für die ambulanten Bierverkäufer gegenüber Gastronomie und Einzelhandel ist, dass ihre Dienstleistung direkt am Ort des Bedarfs zur Verfügung steht, d.h. auf dem Botellón-Platz, vor der Diskothek und ‚to go' in der Straße. In Krisenzeiten sind jedoch immer weniger Kunden bereit, für diesen Service einen Aufschlag von bis zu 500 Prozent auf den Verkaufspreis im Einzelhandel zu bezahlen. Die Bierverkäufer befinden sich folglich in einer unterlegenen Verhandlungsposition zu den Abnehmern, die sie durch Kooperation untereinander, personengruppenbezogenes Marketing und Bindung von Stammkunden zu stärken versuchen. Ein Charakteristikum, das die Verkäufer-Käufer-Beziehung maßgeblich beeinflusst, jedoch nicht als Kriterium in der Branchenstrukturanalyse aufgeführt wird, ist die staatliche Regulierung. Das Trinken auf der Straße ist in Spanien untersagt, wird von der Polizei jedoch nicht so strikt verfolgt wie beispielsweise in den USA. Durch die partielle, stillschweigende Duldung des Alkoholkonsums in der Straße – speziell bei Touristen - wird das Geschäftsmodell der Lateros erst tragfähig.

5.1.4 Ersatzprodukte

Im Zuge der Finanzkrise hat sich das Konsumverhalten in Spanien in vielen Bereichen verändert. So verschob sich ab 2006 der Konsum von Bier sukzessive von der Gastronomie hin zum Konsum zu Hause. Wurden 2006 noch 73 Prozent der Biermenge durch die Gastronomie umgesetzt, so lag der Anteil in 2011 nur noch bei 65 Prozent. Mittlerweile werden 35 Prozent der Biermenge durch den Einzelhandel abgesetzt und zu Hause konsumiert (vgl. Cerveceros de España 2012: 10).

Aus Sicht der Gastronomieverbände Barcelonas stellen die Bierverkäufer auf den Straßen den eigentlichen Grund für den erlittenen Umsatzrückgang dar. Sie schieben, wie in Abbildung 15 illustriert, die Schuld für das Ausbleiben der Gäste auf die Lateros ab. Im Gegenzug starten sie Kampagnen gegen die Lateros[106] und versuchen auf politischer Ebene Einfluss zu nehmen. Für das Jahr 2009 beklagte der Hotel- und Tourismusverband einen durch die Straßenverkäufer verursachten Umsatzverlust in Höhe von 2 Millionen Euro (Gremi d'Hostaleria i Turisme del Vallès Occidental i Barcelonès 2009). Das Fazit einer interviewten Lokalbesitzerin zum Thema Konkurrenz durch Straßenverkauf lautet kurz und knapp: „Es una ruina" [Es ist ruinös].

Der Umgang der Gastronomen mit den Straßenverkäufern variiert stark von Ort zu Ort. Auf den Plätzen 1 und 2 ist eine friedliche Koexistenz der Bierverkäufer mit

---

106 Ein an Gastronomiebetrieben im Barrio Gótico angebrachtes Plakat, das auf die unhygienischen Lagerbedingungen des bei den Lateros gekauften Bieres aufmerksam macht, zeigt zwei weiße Ratten sowie den Hinweis auf die polizeiliche Verfolgung der Käufer von Dosenbier in der Straße.

den Angestellten der Lokale zu beobachten.[107] Für die Betriebe auf den Ramblas, die zu 90 Prozent von Touristen aufgesucht werden, stellen die Bierverkäufer keine Bedrohung dar. Unter den potenziellen Gästen und den Kunden der Lateros, so der Chef des ‚Calabria' im Interview, gebe es kaum Überschneidungen. Der Kundenkreis der Lateros rekrutiere sich maßgeblich aus Personen mit festem Wohnsitz in Barcelona und eher geringem Budget, die ohnehin die hochpreisigen Bars auf den Ramblas mieden. Am Hafen gibt es ein stillschweigendes Abkommen zwischen Diskotheken und Bierverkäufern. Die Sicherheitsleute waren zu Beginn gegen die Bierverkäufer vorgegangen, lassen diese nun jedoch gewähren. Khalid macht die stillschweigende Duldung an der von ihm und seinen Kollegen verkauften Biermarke fest: Da die Lateros ausschließlich Billigmarken wie Aurum, Día und Steinburg verkauften, sähen die Diskotheken in ihnen keine Konkurrenz: Nur wenige Leute kauften diese Billigmarken. Das Dosenbier auf der Straße sei deshalb keine ernstzunehmende Konkurrenz für die in der Bar verkauften, höher angesehenen Biermarken[108].

Unter Berücksichtigung des unterschiedlichen Kundenkreises von Gastronomie und Straßenverkäufern und den Erkenntnissen aus der Kundenumfrage werden die vom Gastronomieverband genannten zwei Millionen Euro Umsatzeinbußen durch die Lateros vom Autor angezweifelt. Bei weitem nicht jedes in der Straße gekaufte Bier ersetzt den Konsum in einer Gaststätte. Es ist oft als zusätzliche Ausgabe zu sehen, die nur durch die angebotene Dienstleistung der Lateros zustande kam und keinerlei substitutive Wirkung hat. Nur 50 Prozent der Käufer unter den Touristen und Bewohnern gaben in der Umfrage an, dass sie durch den Kauf in der Straße vermutlich weniger in Bars, Diskotheken oder Supermärkten gekauft haben.

Die Supermärkte in der Innenstadt sowie am Strand haben eine Doppelrolle inne: Sie fungieren sowohl als Zulieferer wie auch als Konkurrenten der Lateros. Straßenhändler und Supermärkte vertreiben ihr Produkt überwiegend an den Endkunden, wobei die sich im formellen Sektor befindlichen Supermärkte auf die von der Stadtverwaltung ausgegebenen Öffnungszeiten beschränkt sind. Ab 23 Uhr ist zudem der Verkauf von Alkoholika durch Lokalitäten ohne Ausnahmegenehmigung untersagt.[109]

Man müsse das Bier als Straßenverkäufer möglichst günstig vertreiben, so der Bierverkäufer Khalid, weil die Diskotheken das Markenbier und die Spirituosen preiswert verkaufen (Anhang 2.1 unter www.springer.com auf der Produktseite dieses Buches). Somit erwirkt die Gastronomie eine von Porter genannte Einschränkung des Gewinnpotenzials als Substitutionsprodukt, indem sie eine Höchstgrenze für die aufrufbaren Preise zieht (vgl. Porter 1999 [1]: 38). Im Barrio Gótico wird von einigen kleineren Gaststätten als Reaktion auf die Konkurrenz durch die Lateros vereinzelt Dosenbier ‚to go' zum Preis von einem Euro verkauft. Für die Bierverkäufer stellen

---

107 Die Angestellten grüßten die Lateros und umgekehrt. Es wurde gemeinsam gelacht und herumgealbert.
108 Estrella, San Miguel, Mahou…
109 Viele der kleineren Läden in der Innenstadt halten sich jedoch nicht an diese Beschränkung und verkaufen bis weit in die Nacht unter der Hand Bier und Spirituosen.

Der Markt des ambulanten Dosenbierverkaufs: Branchenstrukturanalyse 93

die in den touristischen Gegenden fast flächendeckend hohen Bierpreise in den barcelonesischen Bars, neben den gesetzlichen Beschränkungen des Alkoholverkaufs, die wirtschaftliche Grundlage ihres Geschäftsmodells dar. Im Süden Spaniens, beispielsweise in Granada oder Sevilla, wäre der unerlaubte ambulante Bierkauf aufgrund der niedrigen Bierpreise in den Bars für die Kunden unattraktiv.[110]

Die Bierverkäufer werden von einigen Gastronomen Barcelonas als unfaire Konkurrenz wahrgenommen, die sich auf Kosten der steuerzahlenden Gastronomiebetriebe bereichert. Seit Einführung des Rauchverbots seien die Einnahmeverluste durch die Lateros noch höher geworden: Die Raucher müssen das Lokal verlassen und trinken dazu gleich noch auf der Straße gekauftes Dosenbier. Das Rauchverbot befeuert in den Augen der Gastronomie das Geschäft der Lateros. Zudem müssen die Supermärkte in der Altstadt um 24 Uhr schließen. Durch diese Maßnahmen hofft die Stadtverwaltung, den die öffentliche Ordnung störenden alkoholisierten Personen in der Straße den Nachschub abzuschneiden. Durch diese Maßnahme eröffnet sich der Nischenmarkt des ambulanten Dosenbierverkaufs: Die ungedeckte nächtliche Nachfrage nach Straßenbier stellt die zweite Grundlage des Geschäftsmodells der Lateros dar. Die Wirkung von Ersatzprodukten auf dem informellen Markt für Dosenbierverkauf auf der Straße wird also, neben der Preispolitik der Gastronomie, maßgeblich von der staatlichen Regulierung und deren polizeilicher Durchsetzung beeinflusst.

5.1.5 Rivalität unter den Mitbewerbern

Der informelle Markt für ambulanten Bierverkauf in Barcelona ist durch die Existenz zahlreicher ähnlicher Mitbewerber geprägt. In Verbindung mit der in den letzten drei Jahren schrumpfenden Branche[111] sorgt diese Tatsache Porter zufolge für verstärkte Positionskämpfe, die sich üblicherweise in Preiswettbewerb, der Einführung neuer Produkte sowie Werbeschlachten äußern (vgl. Porter 1999: 39). Deutlich macht sich die Rivalität unter den Mitbewerbern an der klare Revierabgrenzung. In der Analyse werden kooperierende Verkäufer als ein aggregierter Akteur betrachtet. In Bezug auf die Fallstudien ergeben sich somit folgende Akteure: Hamit und Oman auf Platz 1, die beiden Gruppen auf Platz 2 sowie die individuellen Verkäufer am Hafen und auf bzw. in der Nähe der Ramblas. Auf dem umsatzstarken Platz 1 sind nur zwei Verkäufer vor Ort, während auf dem weniger frequentierten Platz 2 sieben Verkäufer zu finden sind.

Es liegt die Vermutung einer Revieraufteilung nahe, die eine freie Verteilung der Anbieter verhindert. Abgesehen vom persönlichen Kontakt zur Kundschaft, dem ‚Kundenservice', gibt es für die Akteure kaum Möglichkeiten zur Differenzierung gegenüber den Mitbewerbern. Das Produkt ist austauschbar und die Dienstleistung, die im Anbieten von kaltem Dosenbier besteht, birgt keine Kernkompetenzen, die zur Abschottung der eigenen Verkaufszone gegenüber den Mitbewerbern geeignet wä-

---
110 Folglich sind dort auch keine Lateros anzutreffen.
111 Mit Branche ist der ambulante Dosenbierverkauf in Barcelona gemeint.

ren. Einen Standortwechsel könnten die Verkäufer ohne größeren logistischen Aufwand durchführen. Die einzige Schwierigkeit bestünde in der Übernahme oder Neuaufbau der Stammkundschaft. Es wäre also eine Konzentrationszunahme der Bierverkäufer auf den lukrativen Verkaufsstellen zu erwarten, bis der Gewinn pro Kopf unter das Niveau auf den unrentableren Plätzen sinkt. Dieser Logik widerspricht jedoch die Verkäuferverteilung auf den Plätzen 1 und 2. Oman von Platz 1 äußerte sich im Gespräch folgendermaßen: "Wir wissen es alle. Ich habe nicht die Erlaubnis, auf einem anderen Platz zu verkaufen. Ich kann nicht auf einem anderen Platz arbeiten."

Die vorgefundene Organisationsstruktur, die vom ausbeuterischen Beschäftigungsverhältnis auf Platz 1 bis zu unabhängig voneinander agierenden Verkäufern auf den Ramblas und im Hafen reicht, lässt auf eine höchstens in einigen Gegenden organisierte Anbieterseite schließen. Von den Lateros und den institutionellen Vertretern der Ethnie (ATP, Cami de la Pau) wird das Bestehen einer globalen Organisation, wie sie von Teilen der Öffentlichkeit vermutet wird, verneint. Rohan, ein ehemaliger Bierverkäufer, äußert sich im Interview folgendermaßen: „Aber als ich Bier verkaufte tat ich das auf eigene Faust, nur für mich. Für niemanden sonst! Es gibt keinen Chef. Es gibt Leute die glauben, dass es eine Mafia oder so etwas gibt, aber es gibt keine – es gibt keine. Es gibt mit Sicherheit keine" (Anhang 2.3). Ein erfahrener Nachtclub-Promoter, der im Hafengebiet arbeitet, kann sich kriminelle Strukturen nur eine Stufe vorher, im Migrationsprozess der Lateros angesiedelt, vorstellen: „Wenn überhaupt mafiöse Strukturen, dann geht's um die Einreise, Finanzieren der Tickets und so etwas. Das könnte sein. [...] Aber das hier auf der Straße, also ich hab nicht das Gefühl – und ich bin schon fünfeinhalb Jahre hier an diesem Punkt – dass hier irgendjemand was zu sagen hat."

Die unsystematische Organisationsstruktur der Bierverkäufer unterscheidet sich deutlich von den strikten Hierarchien anderer Protagonisten des Straßenlebens, wie dies bei den Drogendealern, den Prostituierten oder den Hütchenspielern der Fall ist. Diese Gruppen sind aufgrund ihrer Kriminalisierung durch den Staat, der von Gewalt geprägten internen Rivalität und ihres Geschäftsmodells im Gegensatz zu den Bierverkäufern auf weitreichende hierarchische Strukturen angewiesen. Abbildung 16 veranschaulicht die Rangordnung innerhalb einer Gruppe von Drogendealern in Barcelona. Die Straßendealer zeigen respektvoll auf ihren mittig postierten, mit einem weißen Hemd bekleideten, Anführer.[112]

Ein solches Foto ist mit einer Gruppe Bierverkäufern derselben Ethnie nicht denkbar. Dennoch ist auch der Bierverkauf klaren informellen Spielregeln unterworfen, deren Funktionieren jedoch die mit der Branchenstrukturanalyse nicht erklärt werden kann.

---

112 Weiteres illustratives Bildmaterial befindet sich im Anhang 11.

Der Markt des ambulanten Dosenbierverkaufs: Branchenstrukturanalyse 95

Abbildung 16: (Foto): Drogendealer - Gruppenbild von mit Anführer (Autor)

Ein weiterer Faktor, der den Grad der Rivalität unter den Mitbewerbern maßgeblich beeinflusst, ist die Polizeipräsenz an den jeweiligen Verkaufsorten. Je nach individueller Risikoaversität meiden Verkäufer Orte mit hohem Polizeiaufkommen trotz guter Umsatzchancen.[113] Staatliche Eingriffe in den Markt von Seiten der Ordnungsbehörden sind keine von Porter berücksichtigte Größe für die Betrachtung der Rivalität unter den Mitbewerbern. Die Eingriffe stellen jedoch auf informellen Märkten ein entscheidendes Kriterium für die Handlungsentscheidungen der Akteure dar.

5.1.6 Reaktionen auf Verschärfung der Rahmenbedingungen

In den letzten drei Jahren war der Umsatz pro Verkäufer rückläufig und im gleichen Zeitraum vervielfachten sich die Interventionen der Polizei gegen die Verkäufer. Trotz der schlechteren Rahmenbedingungen befindet sich die Anzahl der Lateros aber derzeit auf einem Höchststand. Grund dafür ist die Austrittsbarriere ‚Alternativlosigkeit': Die Bierverkäufer sehen trotz der gesunkenen Einnahmen und widrigeren Verkaufsbedingungen aktuell den Bierverkauf als einzige Möglichkeit, sich den Lebensunterhalt zu verdienen. Der Bierverkauf finanziert ihnen den Lebensunterhalt bis

---

113 Angepasst an die Polizeipräsenz erfolgt je nach Verkaufsort ein variables Marketing: Am Plaza Universidad beispielsweise halten die Verkäufer als Vorsichtsmaßnahme keine Dosen mehr in der Hand, da die Gefahr der Abnahme durch unbemerkt herannahende Polizeibeamte zu groß ist. An den meisten anderen, ruhigeren oder verdeckteren Verkaufsplätzen erfolgt die Kundenansprache direkt mit den Dosen in der Hand.

zur erhofften Erlangung der Aufenthaltserlaubnis durch den ‚Arraigo social' nach drei Jahren. Für dieses Ziel nehmen sie die prekären Lebensumstände und die Arbeitsbedingungen als Lateros in Kauf. Sie geben ihr Geschäftsmodell daher auch bei der in Folge der Finanzkrise gesunkenen Nachfrage nicht auf, sondern adaptieren es, wie nachfolgend erläutert, an die veränderten Rahmenbedingungen. Porter schreibt:

„Der Schlüssel zum Wachstum, ja sogar zum Überleben liegt darin, sich eine Position zu sichern, die weniger leicht durch Attacken etablierter oder neuer Konkurrenten zu erschüttern ist und gegen Angriffe von Abnehmern, Lieferanten und Substitutionsgütern verteidigt werden kann. Es gibt viele Wege, um eine solche Position aufzubauen – Festigung der Beziehungen zu vorteilhaften Kunden, substanzielle oder psychologische Differenzierung des Produktes durch Marketing, Vorwärts- oder Rückwärtsintegration sowie technologische Führerschaft" (Porter 1999 [1]: 44).

Die Bierverkäufer wenden intuitiv einige der von Porter genannten Maßnahmen an. Standortwechsel zu Zeiten hohen Polizeiaufkommens, wie bei Zarif mit dem Wechsel von den Ramblas ins Hafengebiet beobachtet, sind als Versuch zu verstehen, sich an einem Ort mit geringer Wirkung der Wettbewerbskräfte zu postieren. Seit Einführung des Rauchverbots bieten die Lateros zudem verstärkt Dosenbier in unmittelbarer Nähe von Gastronomiebetrieben an. Zudem ist als Reaktion auf die verschlechterten Verkaufsbedingungen eine Produktdiversifizierung zu beobachten. Verstärkt bieten die Lateros einem ausgewählten Zielpublikum neben Bier auch Drogen zum Kauf an.[114] Es handelt sich meist um Haschisch minderer Qualität, vereinzelt auch um Marihuana oder Kokain. Mit dem Drogenverkauf versuchen die Bierverkäufer die gesunkenen Umsätze im Bereich Dosenbier abzufangen. Sie gehen dabei ein sehr viel höheres Risiko ein, denn der Verkauf von Drogen zieht ein strafrechtliches Verfahren nach sich, das je nach Urteil mit einer Haftstrafe oder der Abschiebung ins Heimatland enden kann. Als weiterer Ansatz der Produktdiversifizierung ist das Anbieten vorgefertigter Mojitos am Strand zu verstehen. Vor einigen Jahren starteten mehrheitlich Südamerikaner mit dem ambulanten Verkauf von Mojitos am Stadtstrand. Das erfolgreiche Nischengeschäftsmodell wird, ähnlich wie der Bierverkauf rund zehn Jahre zuvor, seit dem Jahr 2012 von Pakistanern und Indern kopiert. Sie bieten günstiger und flächendeckender als die ursprünglichen Anbieter an, sodass sich diese mittlerweile aus dem Geschäft zurückgezogen haben.

Porter sieht neben der zugangsbezogenen Positionierung, d.h. in diesem Fall der geographischen Ausrichtung am Kundenaufkommen, das Verfolgen einer von drei ‚generischen Strategien' als mögliches Konzept für die Einnahme einer strategischen Position im Markt an. Die generischen Strategien umfassen: Kostenführerschaft, Differenzierung und Konzentration auf Schwerpunkte (vgl. Porter 1999 [2]: 61).

Die einzigen bedeutenden Kosten beim Bierverkauf entstehen beim Einkauf der Ware. Gegenüber den Zulieferern haben die Lateros aufgrund der fehlenden Kooperation und der dadurch geringen Abnahmemenge pro Akteur eine schwache Ver-

---

114 Das Zielpublikum umfasst aus Beobachtersicht primär männliche Touristen im Alter von ca. 14 bis 40 Jahren, die individuell oder in Kleigruppen unterwegs sind.

handlungsposition. Die erst im Laufe der letzten drei Jahren erfolgte Bildung von Netzwerken, wie die beiden Verkäufergruppen auf Platz 2, sorgt für eine Stärkung der Verhandlungsposition gegenüber den Zulieferern und eröffnet die Möglichkeit zur Kostenführerschaft.

Eine Differenzierung von den Mitbewerbern kann über die verkaufte Biermarke und das Marketing erreicht werden. Der erwähnte Aufbau von Stammkundenkreisen und der Einsatz von Marketing bieten bedingt Ansätze zur Differenzierung. Marketing erfolgt durch die Anpreisung der Qualität des Produktes, durch Hervorheben seiner optimalen Trinktemperatur oder durch griffige Slogans wie ‚Sexy beer, amigo?'. Die Schaffung eines echten Wettbewerbsvorteils durch Differenzierung ist aufgrund des homogenen Produktes und der simplen Bedürfnisstruktur der Kunden – lokale Versorgung mit kaltem Dosenbier – jedoch kaum möglich.

Auch die Konzentration auf Schwerpunkte scheint keine vielversprechende Strategie zu sein, denn dem Bierverkauf liegt bereits ein einfaches Geschäftsmodell zugrunde, das nicht weiter fokussierbar ist. Den Bierverkäufern bieten sich somit im schwieriger werdenden Marktumfeld kaum Möglichkeiten zur strategischen Positionierung.

Das Festhalten an der Verkaufspraxis bei steigender Polizeipräsenz und sinkender Nachfrage erscheint nach den Betrachtungen anhand der Branchenstrukturanalyse irrational und nicht nachvollziehbar. Die Einschätzung von Handlungen als ‚verrückt' ist dem Soziologen Howard S. Becker meist ein Zeichen dafür, dass nicht genug Wissen über Hintergründe und Motive der Akteure verfügbar ist (vgl. Becker 1998: 28). Die Branchenstrukturanalyse half zwar bei der übersichtlichen Darstellung der Marktmechanismen und Wechselwirkungen zwischen den Akteuren, lässt aber die tragende Rolle des Staates nahezu völlig außer Acht. Sie eignet sich somit nur bedingt zur Erklärung von Branchen des informellen urbanen Sektors, wie der vorliegende Fall des ambulanten Dosenbierverkaufs zeigt. Der Wettbewerb hängt nicht allein von den fünf durch Porter identifizierten Marktkräften ab, sondern wird in entscheidendem Maße von weiteren Komponenten beeinflusst, die in das Branchenstrukturmodell allenfalls am Rande mit einfließen.

5.2 Erklärung aus Sicht der Neuen Institutionenökonomik

Die Verständnislücke, die eine Betrachtung des informellen Marktes für Dosenbierverkauf in Barcelona anhand der Branchenstrukturanalyse von Porter lässt, kann durch die Anwendung der Neuen Institutionenökonomik geschlossen werden. Im Fokus der Betrachtungen stehen die Rolle des Staates sowie der Einfluss von formlosen und formellen Beschränkungen für das Marktgeschehen. Im Hinblick auf den Markt des ambulanten Bierverkaufs in Barcelona sind dies die informellen Handlungsmuster der Anbieter sowie die Gesetzeslage und deren Durchsetzung durch die verschiedenen Polizeikörper.

5.2.1 Theorie der Neuen Institutionenökonomik

Bei der Neuen Institutionenökonomik handelt es sich weniger um einen Modellansatz als um eine Betrachtungsweise, die bei der Aufklärung zuvor verborgener Mechanismen hilft. Der Begriff ‚Institution' wird von der Neuen Institutionenökonomik anders aufgefasst als in der soziologischen Institutionentheorie sowie der ‚Alten' Institutionenökonomik. Douglass North versteht unter Institutionen jegliche Art von Beschränkungen, die Menschen zur Gestaltung menschlicher Interaktionen ersinnen - geschaffen und von selbst entstanden (vgl. North 1992: 4). Er ist der Überzeugung, dass mit den gängigen neoklassischen Wirtschaftsmodellen und deren Grundannahmen viele ‚imperfekte Märkte', die sich wie der Markt des ambulanten Dosenbierverkaufs der gängigen Wirtschaftslogik und den geltenden Rechtsnormen entziehen, nicht oder nur unzureichend erklärt werden können.

„Offensichtlich klammern die Prämissen der Neoklassik also viele der realen Probleme aus, die die Welt in der wir leben kennzeichnen und auch interessant machen. Zwar vereinfachen die Modellprämissen die Analyse, machen die Modelle handhabbar und haben sich im Laufe der Zeit auch als sehr fruchtbare Referenzpunkte für wirtschaftstheoretische und –politische Analysen erwiesen. Dennoch führen die Vereinfachungen auch zur Vernachlässigung wichtiger Aspekte und verstellen damit die Sicht auf weitere fruchtbare Erkenntnisse (Erlei et al. 2007: 49).

Die erkannte Unzulänglichkeit neoklassischer Modelle regt zur Suche nach Alternativen an, die außerhalb der gängigen ökonomischen Denkmuster liegen. Eine Lösung für das mangelnde Verständnis des Wesens menschlicher Koordination und Kooperation liegt North zufolge in der Betrachtung der geltenden Institutionen (North 1992: 14). Im Falle des Straßenverkaufs von Bier sorgen die geltenden Vorschriften dafür, dass sich die Marktakteure, Käufer wie Verkäufer, rechtswidrig verhalten. Trotzdem funktioniert der Markt weitgehend reibungslos und die getätigten Transaktionen laufen innerhalb der informellen Strukturen nicht chaotisch, sondern geregelt ab. „Betrachten wir nur die formgebundenen Regeln für sich, so bekommen wir [...] eine unzulängliche und häufig irreführende Vorstellung vom Zusammenleben zwischen formgebundenen Beschränkungen und Leistung" (ebd.: 64). Ein Markt besteht North zufolge daher immer aus formellen (Gesetzen), aber auch formlosen Beschränkungen (Gebräuchen und Konventionen). Dieser Teilaspekt der Neuen Institutionenökonomik dient als Grundlage zur Analyse der vorgefundenen Strukturen auf dem Markt für ambulanten Dosenbierverkauf in Barcelona.

5.2.2 Formlose Beschränkungen durch soziale Netzwerke

Die Organisationsform der Bierverkäufer wird, auf den Ergebnissen der Feldstudie basierend, als lokal dichtes und global loses Netzwerk angesehen. Von außen betrachtet scheint der Verkauf wie von einem Kartell organisiert: Eine begrenzte Anzahl an Dosenbiermarken wird zu einem einheitlichen Preis von Personen ausschließlich pakistanischer und indischer Herkunft illegal verkauft.[115] Eine kriminelle Organisation, die mehr als eine Handvoll Verkäufer einschließt, konnte jedoch nicht nachgewiesen werden. Vielmehr wird die bestehende Homogenität im Straßenverkauf nicht durch eine ‚Mafia', sondern durch von der Neuen Institutionenökonomik als ‚formlos' aufgefasste, d.h. nicht gesetzliche festgelegte, Beschränkungen hergestellt.

So ergibt sich der einheitliche Verkaufspreis aus der Notwendigkeit, den Handel aufgrund der polizeilichen Bedrohung und des steten Stroms an potenziellen Kunden möglichst rasch abzuwickeln. Bei Preissenkungen von unter einem Euro pro einzeln verkaufter Dose würde sich die Geschäftsabwicklung durch das Herausgeben von Wechselgeld deutlich verzögern. Bei einer Preisfestsetzung auf 50 Cent wäre der Gewinn zu nahe an den Stückkosten von etwa 25 bis 45 Cent und der Gewinn wäre minimal. Ein Verkaufspreis von über 1,50 Euro ist in der Praxis nur bei Vorliegen einer Informationsasymmetrie zu Ungunsten der Käufer möglich. Verfügen diese jedoch über Informationen bezüglich des nächsten Verkaufsstandortes und kennen den üblichen Marktpreis von einem Euro pro Dose - wie dies bei den Bewohnern Barcelonas und damit der Mehrheit der Kunden der Fall ist - bleibt kein Spielraum für einen Preisaufschlag.

Der Verkauf weniger Marken und der mehrheitliche Verkauf der Marke Estrella Damm sind historisch entstanden und mit der Kundenstruktur zu erklären. Die rote Dose von Estrella dient als Qualitätssignal, da die Marke von den Bewohnern Barcelonas sehr geschätzt wird. Die Kunden haben sich an den Verkauf speziell dieser Dosen durch die Lateros gewöhnt und wären durch andere Marken, selbst qualitativ hochwertigere, irritiert. Sie würden misstrauisch auf eine Markteinführung konkurrierender Marken reagieren. Die billigen Handelsmarken werden bei fehlender Information der Kunden oder bei bestehender Gleichgültigkeit angeboten, d.h. an Standorten mit vielen Touristen bzw. vornehmlich alkoholisierten Personen, etwa vor und nach dem Besuch von Nachtclubs.

Da es sich bei Dosenbier um ein austauschbares, wenig differenzierbares Gut handelt, besteht für die Lateros die einzige Möglichkeit zur Abgrenzung von der Konkurrenz im Angebot eines ansprechenden Services und der Auswahl eines attraktiven Standortes. Die Verkäufer eines Platzes arbeiten in der Regel zusammen und teilen sich teilweise die Einnahmen aus dem Verkauf. Eine Abweichung von den geltenden Konventionen, etwa durch Preisdumping oder Abwerbung von Stammkunden, würde von den ‚Arbeitskollegen' sanktioniert werden. Diese Einschätzung wird von der Theorie des in Stanford lehrenden Soziologen Granovetter zu dichten Netzwerken, wie sie local gesehen bei den Bierverkäufern vorliegen, gestützt: "[...] [C]ollective action that depends on overcoming free-rider problems is more likely in groups whose social network is dense and cohesive, since actors in such networks

---

115 Je nachdem, ob man den Begriff Ethnie an der Herkunft aus der Region Punjab oder an der Nationalität bzw. Religionszugehörigkeit festmacht.

typically internalize norms that discourage free riding and emphasize trust" (Granovetter 2005: 34).

Dem Sanktionieren von Abweichlern steht die gegenseitige Hilfsbereitschaft im Bedarfsfall gegenüber. Das ‚rote Kreuz' der Einwanderer aus Pakistan und Indien (siehe 4.1.3) hat transnationalen Charakter, vergleichbar mit dem in Kapitel 2.3.3 genannten und von Gómez Martín untersuchten transnationalen Netzwerk der Kurden rund um den Kebabverkauf (Gómez Martín 2012). Kontakte zu Immigranten der gleichen Ethnie sind für den Neuankömmling soziales Kapital, welches ihm Erwerbsmöglichkeiten im informellen urbanen Sektor erschließt.[116] Dieses soziale Kapital in Form eines Netzwerks kann dann durch das Auffinden einer Verdienstmöglichkeit ökonomisiert werden. Zu Beginn oft nur lose Kontakte dienen somit zur Erwirtschaftung des Lebensunterhalts und der Geldsendungen in die Heimat. Das Funktionieren des Angebots außerhalb des gesetzlich geregelten Bereichs fußt auf der ethnischen Geschlossenheit der Verkäufergruppe. Ethische, kulturelle und ökonomische Triebkräfte ersetzen die fehlende formelle Struktur. Die auf doppelte Weise geltendes Recht brechenden Bierverkäufer haben herkunftsbezogen bestimmte Werte verinnerlicht und folgen ihrem eigenen Regelsystem wahrgenommener Regelhaftigkeit, das North als ‚Ideologie' bezeichnet (vgl. North 1992: 45). Die Kombination aus Ideologie und dichtem sozialem Netzwerk erklärt, „wie einzelne die Regeln ihrer Gesellschaft verletzen, wenn ihr Nutzen daraus ihre Kosten übersteigt [und] andererseits [...], wie sie die Regeln befolgen, obwohl ihr individuelles Kalkül sie anders handeln lassen sollte" (ebd.: 47).

Im Betrugsfall könnte auf informellen Märkten wie dem ambulanten Bierverkauf keiner der beteiligten Akteure – weder Verkäufer noch Käufer - die Polizei oder das Gericht als ordnende staatliche Gewalt anrufen. Der Tauschvorgang Geld gegen Dosenbier spielt sich für beide Seiten in gesetzeswidrigem Rahmen ab. Betrachtete man nur die formellen Beschränkungen, dürfte der Markt des ambulanten Dosenbierverkaufs in Barcelona, den gängigen Annahmen über Märkte folgend, nicht funktionieren. Indem jedoch, der Forderung von North folgend, formlose Beschränkungen wie fixer Preis, Markenstruktur, Ideologie und das Netzwerk ethnisch einheitlicher Verkäufer der formell ungeregelten Transaktion eine Struktur geben, kann der Markt des ambulanten Dosenbierverkaufs dennoch, auf informeller Weise, geregelt existieren.

5.2.3 Formelle Beschränkungen auf nationaler Ebene

Eine formelle Bedingung für die Existenz des ambulanten Dosenbierverkaufs in Spanien ist der vom Gesetzgeber vorgegebene Rahmen. Dieser gesetzliche Rahmen wird

---

116 Durch Personen mit höherem sozialem Status, ausgedrückt durch finanzielle Mittel, Eigentum oder den regulären Aufenthaltsstatus, ist hingegen vermehrt eine Ausnutzung von Neuankömmlingen zu beobachten. Beispiele finden sich in den Fallstudien in Kapitel 4.1 und in Gesprächsprotokollen mit institutionellen Vertretern der Pakistaner in Anhang 2.4 und Anhang 3.2.

besonders deutlich, wenn man ihn einem Vergleich mit den in Deutschland geltenden Regelungen unterzieht. In Deutschland besteht unter anderem deshalb kein Markt für einen nicht-eventbezogenen Verkauf von Dosenbier, weil das aufgeschlagene Dosenpfand die Marge für die Verkäufer zu stark schmälert. Zudem gibt es in vielen größeren Städten Deutschlands Verkaufsorte – je nach Bundesland ‚Kiosk', ‚Büdchen' oder ‚Spätshop' genannt - in denen man auch nachts Bier kaufen kann. In Anbetracht der mit dem illegalen Verkauf verbundenen Risiken und der geringeren Gewinnmöglichkeiten erscheint der Verkauf nicht lohnenswert.[117] Aufbauend auf den gesetzlichen Regelungen haben sich in Deutschland im Bereich des informellen urbanen Sektors jedoch andere Formen des ‚Unternehmertums aus Notwendigkeit' entwickelt. Im Zuge der Einführung des Dosenpfandes im Jahr 2003 hat sich die ‚Berufsgruppe' der Flaschensammler herausgebildet. Ähnlich zu den Bierverkäufern verdienen diese sich ihren Lebensunterhalt durch informelle Tätigkeit im öffentlichen Raum.

Rechtliches Kennzeichen der pakistanischen und indischen Bierverkäufer in Barcelona ist der doppelt illegale Status. Im Kontext nationaler Institutionen ist lediglich der aufenthaltsrechtliche Aspekt relevant, da die Verkaufspraxis in der nur auf lokaler Ebene geltenden Stadtordnung geregelt ist und nicht gegen die nationale Gesetzeslage verstößt. Obwohl sich die Mehrheit der Bierverkäufer irregulär in Spanien aufhält, bleibt zunächst unklar, ob der illegale Status für die Durchführung des Verkaufs eine entscheidende Rolle spielt. Aus zweierlei Gründen wird ein Zusammenhang unterstellt. Zum einen können Personen mit Aufenthaltsgenehmigung außerhalb des Straßenverkaufs erheblich leichter eine besser bezahlte Arbeitsstelle finden, etwa als Küchenhilfe. Der Bierverkauf wird als reine Übergangslösung bis zur Erlangung der Aufenthaltsgenehmigung angesehen. Eine Abschiebung auf Grundlage der Strafzettel, die nicht unter das Strafrecht fallen, ist nach übereinstimmenden polizeilichen Aussagen wenig wahrscheinlich. Zum anderen verlieren die Strafzettel ein Jahr nach Ausstellung ihre Gültigkeit. Personen jedoch, die im Besitz einer Aufenthaltsgenehmigung sind, laufen bei Nichtbezahlung von Strafen Gefahr, die Genehmigung wieder zu verlieren bzw. könnten gepfändet werden.[118]

Ein weiterer bedeutender Unterschied zwischen der rechtlichen Situation in Deutschland und in Spanien besteht in den Einwanderungsgesetzen. Die Folge der in

---

117 In Berlin gibt es lediglich eventbezogenen Straßenverkauf von Bier, der vor Feiertagen oder während Straßenfesten mit großem Publikumsverkehr durchgeführt wird.

118 Generell lässt sich im Hinblick auf die staatliche Sanktionierung illegalen Handelns in Spanien ein Unterschied zur Situation in Deutschland erkennen. Strafzettel werden in Spanien nicht immer eingetrieben, sodass sie, im Gegensatz zur gängigen Praxis in Deutschland, auch von Spaniern teilweise nicht gezahlt werden. Die geringere Zahlungsmoral bringt die umgekehrte Logik bei der Darstellung der Strafenhöhe zum Ausdruck: In Deutschland wird stets der niedrigere Betrag angegeben, der sich bei verspäteter Zahlung erhöht. In Spanien wird der erhöhte Betrag angegeben, der sich bei fristgerechter Zahlung drastisch vermindert. Otto, ein deutscher Nachtclub-Promoter, äußert sich zu dieser Situation im Gespräch: „Das ist das Problem hier in Spanien: Hier wird alles bestraft, sofort und teuer. Aber wahrscheinlich auch deshalb, weil sowieso die Hälfte nicht eingetrieben werden kann. Und das ist halt in Deutschland anders."

Kapitel 2.1.1 beschriebenen Regelung des ‚Arraigo social' - in dieser Form europaweit einzigartig - ist der Aufenthalt einer großen Anzahl von Personen im Land, die drei Jahre lang in Eigenregie ihr Überleben sichern müssen und sich dann regularisieren können. Dies führt zu einer Ausweitung des informellen urbanen Sektors, welche durch die Einwanderungspolitik Spaniens in der Vergangenheit maßgeblich angetrieben wurde. So bezeichnet ein Vertreter der pakistanischen Arbeiterorganisation die Vorgänge im Jahr 2005 als regelrechte ‚Immigrationswelle'. Die damals von der spanischen Regierung durchgeführte Massenregularisierung ermöglichte Immigranten die Erlangung einer Aufenthaltsgenehmigung unter vereinfachten Bedingungen.[119]

Durch die im Vergleich aussichtsreichen Regularisierungsmöglichkeiten wurde Spanien erst zum Zielland für die indischstämmigen Bierverkäufer. In ihrer Länderhierarchie stehen eigentlich wirtschaftlich erfolgreichere Länder, mit allerdings restriktiveren Ausländergesetzen, vorne: USA, England, Kanada und Deutschland. In diesen Ländern ist die Erlangung einer Aufenthaltsgenehmigung und die Lebensrealität für irreguläre Einwanderer – aufgrund des polizeilichen Vorgehens, der Gesetzeslage und des prozentual gesehen kleineren informellen Sektors – deutlich schwieriger als in Spanien. Viele von ihnen planen unmittelbar nach erfolgreicher Regularisierung in Spanien zu Verwandten in eines der wirtschaftlich höher angesehenen Länder auszuwandern. Die irregulären Einwanderer nutzen den Mechanismus des ‚Arraigo social' als Schlupfloch zu einem darauffolgend geplanten Aufenthalt in anderen Ländern des Schengen-Raums.

Für die Finanzierung ihres Aufenthaltes bis zur Erlangung der Aufenthaltsgenehmigung, zur Rückzahlung ihrer durch die Überfahrt entstandenen Schulden sowie zur Aufbringung des Geldes für Sendungen in die Heimat suchen irreguläre Einwan-

---

[119] Die empirische Erfahrung in Barcelona stellt Grundannahmen der Studie von Finotelli über die Wirkung von Massenregularisierungen in Frage. Finotelli konstatiert: „Darüber hinaus hat die Analyse deutlich gemacht, dass es keinen Transit-Effekt gibt, da die regularisierten Migranten in den Ländern bleiben wo sie auch regularisiert werden" (Finotelli 2008: 96).
Ein Transit-Effekt innerhalb des Schengen-Raums konnte bei den Straßenverkäufern in Barcelona jedoch festgestellt werden. So reiste ein afghanischer Drogendealer im Frühjahr von Spanien nach Polen aus, um dort mit vermutlich gefälschten Aufenthaltsnachweisen an der durchgeführten Massenregularisierung teilzunehmen. Er plant jedoch, nach der Regularisierung wieder nach Spanien zurückzukehren.
Erstaunt ist Finotelli über den hohen Anteil an Arbeitsverträgen, die im Zuge des Regularisierungsprozesses im Haushaltsbereich ausgestellt werden. Erklärt wird dies mit der scheinbar unterschätzten Arbeitskraftnachfrage durch die privaten Haushalte. Sie vernachlässigt aber vermutlich den Anteil an gefälschten Arbeitsverträgen im Haushaltsbereich, die kein echtes Beschäftigungsverhältnis darstellen, sondern nur auf dem Papier, zur Erlangung der Aufenthaltsgenehmigung, bestehen.
Bis Ende 2011 war für diese Art von Beschäftigung ein reduzierter Sozialversicherungsbeitrag zu leisten, dessen Zahlung über sechs Monate hinweg obligatorisch für die Gültigkeit der Aufenthaltsgenehmigung ist. Solche Scheinarbeitsverträge im Haushaltsbereich wurden im Zuge der Feldforschung mehrfach aufgedeckt und werden, wie im Fall des Bierverkäufers Khalid, auch aktuell noch abgeschlossen.

derer nach Verdienstmöglichkeiten. Der irreguläre Status verwehrt ihnen den Zugang zum regulären Arbeitsmarkt, weswegen sie sich auf Tätigkeiten im informellen Bereich angewiesen sind.

Eine dieser informellen Tätigkeiten ist der ambulante Verkauf von Dosenbier. Der Verkauf an sich zieht keine Inhaftierung nach sich, macht jedoch die nationale Polizei[120] auf einen etwaigen irregulären Aufenthaltsstatus des Verkäufers aufmerksam. Der Aufenthalt ohne Genehmigung zählt als Ordnungswidrigkeit, deren Ahndung den Behörden einen erheblichen Ermessensspielraum lässt. Spanien verfügt über von der EU genehmigte sogenannte ‚Centros de Internamiento de Extranjeros' (kurz: CIE's), in denen ausländische Personen bis zu 60 Tage lang festgehalten werden können. In der Regel haben die internierten Personen eine Straftat begangen, gesetzlich ausreichend ist jedoch schon die Aufdeckung des irregulären Aufenthaltsstatus. Abbildung 17 zeigt das inmitten des Gewerbegebietes Zona Franca gelegene CIE Barcelona, in dem ausländische Personen auf ihre Abschiebung warten. Erfolgt die Abschiebung nicht innerhalb von 60 Tagen, müssen die internierten Personen wieder auf freien Fuß gesetzt werden. Da die CIE's permanent überfüllt sind und Personen dort nur bei freien Plätzen festgesetzt werden können, unterliegt das System in der Praxis einem ausgeprägten Zufallsmechanismus.

Irreguläre Einwanderer, wie es die Bierverkäufer von Barcelona mehrheitlich sind, werden durch das Bestehen der CIE's nicht abgeschreckt. Die Wahrscheinlichkeit für sie, dort allein aufgrund einer begangenen Ordnungswidrigkeit festgesetzt zu werden, ist sehr gering. Die im praktischen Umgang mit irregulären Einwanderern aus Pakistan und Indien existierenden formellen Beschränkungen auf nationaler Ebene sorgen somit allenfalls für eine extrem ungleiche Behandlung nach dem Zufallsprinzip. Durch die bestehende Ungewissheit bewegen sich die Bierverkäufer mit einem Gefühl von Unbehagen im öffentlichen Raum, das ihre gesellschaftliche Integration behindert.

---

120 Eine ausführliche Gliederung der Polizeikörper Barcelonas und ihrer Funktionen findet sich zu Beginn des Interviews mit dem Pressechef der Guardia Urbana in Anhang 2.9. Auszug:
„Auf polizeilicher Ebene hat Spanien eine nationale Polizei, den nationalen Polizeikorps. Die Polizei für das gesamte Gebiet, sowohl für die Halbinsel wie auch für die Inseln. Dann gibt es die ‚Guardia Civil', die auch national ist. Sie hat andere Kompetenzen: Häfen, Flughäfen, Zoll,... Und dann gibt es in gewisser Weise noch die Fiskalpolizei. Die den Zoll überwacht. Sie kämpft speziell gegen Steuerbetrug. Das sind die drei nationalen Typen, außer ihnen gibt es keine: Policia Nacional, Guardia Civil und Zollüberwachung.
Zudem gibt es auf autonomer Ebene – nicht in allen Gemeinschaften, aber in Katalonien schon – eine autonome Polizei. Sie heißt [in Katalonien] ‚Mossos d'Esquadra'. Sie hat eigenständige Polizeikompetenzen auf dem Gebiet der Gemeinschaft. Als Gerichtspolizei, bei Straftaten, Terrorismusbekämpfung, all das. Aber nur in Katalonien.
Zu diesem Thema fehlt noch ein Polizeityp, der sehr wichtig ist in Spanien, und das ist die Lokalpolizei. Die Polizei der Stadt. Sie heißen: lokal, städtisch oder Guardia Urbana (GUB). Das sind die drei Namen. Alle Städte ab einer bestimmten Einwohnerzahl dürfen eine lokale Polizei haben, und Barcelona hat sie. Wir sind 3.000 Beamte in Barcelona."

Abbildung 17: (Foto): Centro de Internamiento de Extranjeros Barcelona, Zona Franca (Autor)

5.2.4 Formelle Beschränkungen auf lokaler Ebene

Die Stadtverwaltung Barcelonas versucht durch formelle Beschränkungen das Trinken auf der Straße durch die aus Kapitel 5.1 bekannten Maßnahmen einzudämmen: Nach 23 Uhr darf Alkohol nur noch in Lokalen mit einer speziellen Lizenz ausgeschenkt werden, und die Supermärkte in der Altstadt müssen um 24 Uhr schließen. Hierdurch hofft die Stadtverwaltung, den die öffentliche Ordnung störenden, alkoholisierten Personen in der Straße den Nachschub abzuschneiden. Die Regelungen rufen jedoch einen unerwünschten Nebeneffekt hervor: Durch die formellen Beschränkungen und die hierdurch ungedeckte nächtliche Nachfrage nach Bier in der Straße eröffnet sich den Lateros ein informeller Nischenmarkt.

Die formellen Beschränkungen auf polizeilicher Ebene haben ihre Grundlage mit dem Verbot des Straßenverkaufs ohne Genehmigung in der Stadtordnung von Barcelona. Im Artikel 50 der Stadtordnung heißt es:

„Der ambulante Verkauf jedweder Art von Lebensmitteln, Getränken und anderer Produkte im öffentlichen Raum ist verboten, ausgenommen solcher mit spezieller Erlaubnis. In jedem Fall muss die Lizenz oder Erlaubnis gut sichtbar angebracht sein.

Die Kollaboration mit nicht autorisierten Straßenhändlern im öffentlichen Raum ist untersagt. Eingeschlossen sind Handlungen welche die Durchführung des Handels erleichtern, sowie die Überwachung und Benachrichtigung über die Anwesenheit von Beamten vonseiten der Behörden. Der Kauf oder die Aneignung von Lebensmitteln, Getränken und anderen Gütern aus dem unerlaubten Straßenverkauf sind verboten" (Ordenança De Mesures Per Fomentar I Garantir La Convivència Ciutadana A L'Espai Públic De Barcelona: Article 50).

Verstöße werden vornehmlich durch die lokale Polizei von Barcelona, die Guardia Urbana, geahndet. Der zitierte Artikel 50 der Stadtordnung regelt den Straßenverkauf jedweden Produkttyps. Aktuell beträgt die Strafe 62,50 Euro bei Sofortzahlung bzw. 250 Euro bei Zahlung zu einem späteren Zeitpunkt. Da sich jedoch viele der Immigranten irregulär oder unter Zuhilfenahme gefälschter Dokumente im Land aufhalten, hat die Stadtverwaltung kaum Möglichkeiten zur nachträglichen Eintreibung der Strafe. Eine Anfrage an die Stadtverwaltung Barcelonas in Bezug auf den Anteil der bezahlten Strafen an den insgesamt an die Bierverkäufer ausgestellten Strafzetteln wurde folgendermaßen beantwortet:

„Bezüglich der konkreten Daten, die sie bei uns angefragt haben, gibt es keine aufgeschlüsselten Daten für den Straßenverkauf, der ihr Untersuchungsobjekt darstellt. Hinsichtlich der Bezahlung führen die Typologie der Rechtsbrecher, ihr häufig irregulärer Aufenthaltsstatus und die regelmäßigen Wohnsitzwechsel dazu, dass [diese Ziffer] nicht illustrativ ist" (Àngels Ferrer, Jefa del Departamento de Reclamaciones de Multas, Instituto Municipal de Hacienda de Barcelona).
Es wird aufgrund dieses Schreibens davon ausgegangen, dass sich der Anteil der bezahlten Strafen bei den Bierverkäufern in einem vernachlässigbar niedrigen Bereich bewegt.

Nach einem Jahr verfällt die ausgestellte Strafe ohnehin und beeinträchtigt den Prozess der Regularisierung nicht. Ist man in Besitz einer ‚carta de expulsión' [Abschiebeanordnung], die gelegentlich von den Polizeikräften an die Straßenhändler ausgestellt wird, bedeutet dies nicht, dass man des Landes verwiesen wird, sondern dass man selbst für das Verlassen des Landes verantwortlich ist. Vor der Erlangung der Aufenthaltsgenehmigung, d.h. der Regularisierung, ist zur Abgeltung der Abschiebeanordnung lediglich eine entsprechende Abgabe zu zahlen. Um die Bestrafung auf urbanem Niveau zu umgehen, verfügen einige Verkäufer über gefälschte Dokumente. Regularisierte Personen benutzen zur Verschleierung auch Identitäten von Landsleuten.

Durch die Polizeipraxis werden dem ehemaligen Bierverkäufer Rohan zufolge Personen mit irregulärem Aufenthaltsstatus gegenüber Personen mit Aufenthaltsgenehmigung bevorteilt. Er äußert sich im Interview: „Es gibt Strafe, 250 Euro. Aber für den, der Papiere hat, eine Aufenthaltsgenehmigung von hier. Wer keine Papiere hat – dem passiert nichts" (Anhang 2.3). Dies lässt einen irregulären Status kurioserweise zum vorteilhaften Verkäuferattribut werden.[121]

Bei den Polizeibeamten handelt es sich hauptsächlich um in Uniform und Zivil agierende Beamte der Guardia Urbana. Die Beamten der Mossos d'Esquaddra (Landespolizei der autonomen Gemeinschaft Katalonien) greifen nach eigenen Angaben nur dann ein, wenn es ihre Zeit zulässt. Wird ein Verkäufer gestellt, so wird er auf sein unrechtmäßiges Handeln hingewiesen. Ihm werden die mitgeführten Dosen abgenommen und ein Strafzettel wird ausgestellt. Ein Vertreter der Kommunikationsabteilung der Mossos d'Esquaddra konstatiert in diesem Zusammenhang, dass „die bei der Polizei arbeitende Person ein bisschen einem Feuerwehrmann ähnelt: Sie macht sich auf den Weg, kommt an, versucht das Feuer zu löschen und geht weiter zum nächsten Feuer."

Zunehmend versucht die Polizei auch gegen die Zulieferer der Straßenverkäufer vorzugehen. Gerade im Vorfeld von Straßenfesten oder öffentlichen Ereignissen konnten nach Polizeiangaben große Mengen an Dosenbier in Lagerräumen kleiner Supermärkte sichergestellt werden, die nachweislich für den Straßenverkauf bestimmt waren (vgl. Europa Press 2012). Über diese Vorgehen ist jedoch keine ausreichende Datenmenge vorhanden, sodass über die Wirkung der verschärften formellen Beschränkungen auf die Zulieferer keine verlässliche Aussage getroffen werden kann.

Wie Abbildung 18 zeigt, wurde im Bereich des Straßenverkaufs in den letzten Jahren immer häufiger das Löschen solcher Brandherde versucht. Sie illustriert die protokollierten Interventionen der Guardia Urbana gegen den unlizenzierten Straßenverkauf in Barcelona im Allgemeinen. Die Interventionen haben sich im Zeitraum von 2006 bis 2011 nahezu verdreifacht. Die Verkäuferzahl hat im gleichen Zeitraum jedoch weiter zugenommen.

Der auf die Bierverkäufer entfallende Anteil an den Interventionen ist nicht bekannt. Die spezifischen Interventionen dürften jedoch ebenso zugenommen haben: Im Jahr 2008 wurden 212.076 Dosen von Lateros konfisziert und anschließend vernichtet, im Jahr 2011 waren es 300.531 (Se extienden los 'lateros' que ofrecen hachís y cocaína en el centro de Barcelona 2009; La Urbana de Barcelona da su mayor golpe a la venta ambulante no autorizada de latas de cerveza 2012).

Die primäre Maßnahme der lokalen Polizei gegen die Bierverkäufer besteht in der Durchsetzung des geltenden Rechts der Stadtordnung in der Straße, was weder die tieferliegenden Ursachen des Unternehmertums aus Notwendigkeit angeht noch zu einer effektiven Bestrafung der Verkäufer führt. Deshalb entspinnt sich ein Katz-

---

121 Ähnlich verhält es sich mit dem polizeilichen Vorgehen gegen Touristen: Da die Eintreibung von Strafen im Ausland aussichtslos ist, wird das verbotene Trinken auf der Straße bei Touristen weitgehend geduldet. In Anhang 9 finden sich drei an einen fest in Barcelona lebenden Pakistaner ausgestellte Strafzettel, die diesem den Genuss von Alkoholika aus Glasflaschen, das Stören der öffentlichen Ordnung und das Zurücklassen der Glasflasche in der Straße zum Vorwurf machen. Die zeitgleich stattfindende stillschweigende Duldung touristischer Exzesse wenige Straßen weiter ist ein Zeichen für die diskriminierende Polizeipraxis in Barcelona.

und Mausspiel zwischen Polizeibeamten und Verkäufern, das allnächtlich von beiden Seiten mit hohem Aufwand betrieben wird.

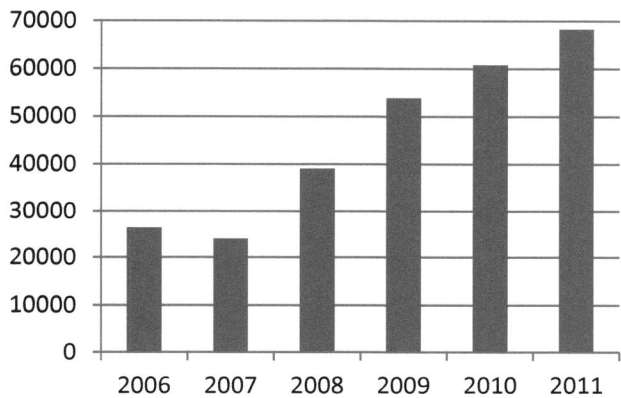

Abbildung 18: Erfasste polizeiliche Interventionen gegen unlizenzierten Straßenverkauf, nach Jahren (Autor)

Abbildung 19 veranschaulicht die ausgeprägte Saisonalität der polizeilichen Interventionen, die in den Sommermonaten ein Vielfaches der Interventionen aus den Wintermonaten betragen:

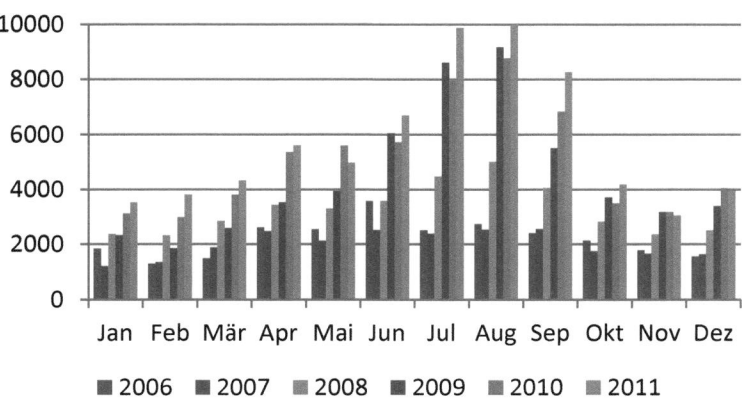

Abbildung 19: Erfasste polizeiliche Interventionen gegen unlizenzierten Straßenverkauf, nach Monaten (Autor)

6 Einordnung und Anknüpfungspunkte

> *„Auch wenn sie keine andere Möglichkeit haben sich durchzuschlagen, können sie trotzdem keine illegale Aktivität durchführen. Sollen sie doch zu einer sozialen Beratungsstelle gehen, damit ihnen geholfen wird. Dann wird sie die Polizei nicht mehr anzeigen, so einfach ist das"* (Jordi Vilasaló, Pressechef der Guardia Urbana, Interview 13.03.2012).

In den vorangehenden Kapiteln wurde das Phänomen des ambulanten Bierverkaufs in Barcelona, vorwiegend durchgeführt von pakistanischen und indischen Einwanderern ohne Aufenthaltsgenehmigung, aus einer theoretischen und praxisbezogenen Sichtweise dargestellt und analysiert. Es wurden Antworten auf die zu Beginn formulierten Forschungsfragen gegeben und darüberhinausgehende Zusammenhänge erfasst.

Die Aufbereitung des Forschungsstandes im zweiten Kapitel verdeutlicht die Komplexität und Vielfalt von Themengebieten, die sich im Randgebiet zwischen Soziologie und Wirtschaftswissenschaften befinden. Es fehlt aktuell noch ein passendes Schema, in das der Bierverkauf als von doppelt illegal handelnden Personen erbrachte Dienstleistung im Rahmen des informellen urbanen Sektors in westlichen Industrieländern eingeordnet werden kann. Denkbar sind Kategorien wie das Konzept der ‚Prekarität' oder der Ausdruck einer ‚Vierten Welt' (Castells 2000) inmitten unserer hochentwickelten ‚Ersten Welt'. Im Sinne der Multi-Sited Ethnography von Marcus wurde in der Studie versucht, die Beziehung des lokal untersuchten Phänomens zur Welt herauszuarbeiten (Marcus 1995: 18). Der von Immigranten durchgeführte Bierverkauf in Barcelona kann ganz allgemein als lokale Ausprägung des weltweiten Globalisierungsprozesses gesehen und damit dem in der Soziologie von Zygmunt Bauman geprägten Begriff der ‚Glokalisierung'[122] zugerechnet werden (Bauman 2005). Während in weiten Teilen der westlichen Welt große Einkaufszentren prosperieren und kleine Geschäfte aussterben, hat sich in Barcelona ein blühender Straßenhandel und eine Vielzahl an kleinen Lebensmittelgeschäften etabliert. Maßgeblich verantwortlich für diesen innerstädtischen Anachronismus sind zum einen das hohe Tourismusaufkommen, das im gesamten Innenstadtbereich für Laufkundschaft mit stetigen Konsumwünschen sorgt, und zum anderen die hohe Arbeitsbereitschaft der Immigranten. Zwölfstundenschichten bei einer Bezahlung, die gerade zur Deckung der Grundbedürfnisse ausreicht, sind in kleinen Lebensmittelgeschäften die Regel. Auf der anderen Seite der Welt werden dann, im Gegenwert der geleisteten Arbeit der Immigranten, mit den von ihnen in die Heimat geschickten Geldsendungen neue Infrastrukturen und wirtschaftlicher Fortschritt im glokalen Kontext geschaffen.

---

122 Kunstwort aus ‚Globalisierung' und ‚lokal', das sich auf die Wirkung der Globalisierung auf lokaler Ebene bezieht.

Ähnlich prekäre Bedingungen wie bei den informell angestellten Immigranten herrschen bei den selbstständig arbeitenden Straßenverkäufern. Das ‚sich Durchschlagen' der Immigranten im Zielland – auf Spanisch ‚buscarse la vida' – wird im Folgenden als Form eines Unternehmertums aus Notwendigkeit[123] betrachtet. Abschließend wird der Umgang mit dem informellen urbanen Sektor, von staatlicher wie von wissenschaftlicher Seite gesehen, einer an den Studienergebnissen begründeten Kritik unterzogen.

6.1 ‚Buscarse la vida' – Determinanten des Unternehmertums aus Notwendigkeit

‚Buscarse la vida' - das 'sich Durchschlagen' - ist zum Modus vivendi der Lateros von Barcelona geworden. Ihre prekäre Lage drückt sich im doppelt illegalen Status als Immigranten und Straßenverkäufer aus. Das Grundmodell der Erwerbstätigkeit irregulärer Immigranten im informellen urbanen Sektor ist bei anderen Ethnien in ähnlicher Form zu finden. Gemeinsame Merkmale der stets im öffentlichen Raum ausgeführten Tätigkeiten sind, neben der Informalität, die ethnische Geschlossenheit und die zeitlich befristete Durchführung der Tätigkeit, die der anfänglichen Notwendigkeit zur Sicherung des Lebensunterhalts geschuldet ist. Das sich aus ‚buscarse la vida' entwickelnde Unternehmertum aus Notwendigkeit gilt in der spanischen Debatte über unternehmerische Immigranten, wie sie unter 2.2.2 dargestellt wurde, bisher als Randerscheinung und wird eher der Form halber als theoretisch mögliche Ausprägung von Unternehmertum erwähnt. Die Wirtschaftswissenschaften ignorieren unternehmerische Immigranten vollständig: Im Sammelband ‚Empresariado étnico' (Beltrán et al. 2006)[124] beispielsweise ist unter den 14 Autoren kein einziger Wirtschaftswissenschaftler vertreten. Im deutschsprachigen Raum sind keine entsprechenden, theoriebildenden Veröffentlichungen bekannt.

Abzugrenzen vom Unternehmertum aus Notwendigkeit bei Immigranten[125] sind Tätigkeitsgebiete des informellen urbanen Sektors, bei denen die Einreise bereits mit dem Ziel der Aufnahme dieser Tätigkeit erfolgte oder die Personen zu diesem Zweck von kriminellen Organisationen über die Grenze geschleust wurden. Beispiele für diese abweichenden Formen sind: Hütchenspieler aus Mazedonien und dem Kosovo, Taschendiebe aus Rumänien, Marokko und Algerien, Prostituierte aus dem subsaharischen Afrika (u.a. Ghana, Nigeria). Entweder stehen kriminelle Organisationen hinter den Akteuren auf der Straße oder diese haben sich eigenständig in Banden organisiert. Trotz der grundsätzlichen Ähnlichkeiten wird der Begriff ‚Mafia', der ein ein-

---

123 Der Begriff stammt aus der spanischen Immigrationsdebatte: ‚Empresariado de necesidad' (Alarcón 2009).
124 Zu deutsch: der ethnische Unternehmer; in Deutschland konnte keine spezielle Literatur zu diesem Thema gefunden werden.
125 Die vorliegende Studie bezieht sich nur auf Immigranten. Unternehmertum aus Notwendigkeit ist gerade in Krisenzeiten jedoch auch bei einheimischen Personen anzutreffen.

heitliches System und die Existenz einer allgemeingültigen Definition für diese Art von Tätigkeiten suggeriert, in diesem Zusammenhang vom Autor abgelehnt. Zu vielschichtig und verschiedenartig sind die vorgefundenen Strukturen, als dass sie unter dem stigmatisierenden Begriff ‚Mafia' ganzheitlich abgehandelt werden könnten.

Dem Unternehmertum aus Notwendigkeit werden nur Tätigkeiten zugerechnet, deren Aufnahme erst nach Ankunft im Zielland des Emigrationsprojektes ins Auge gefasst wurde. Zu diesen Tätigkeiten zählen in Barcelonas informellem urbanen Sektor: der Bierverkauf durch Pakistaner und Inder, der Rosenverkauf durch Pakistaner, der Sandwich-/ Samosaverkauf durch Pakistaner. Teilweise dem Unternehmertum aus Notwendigkeit zuzurechnen sind die Drogenverkäufer. Der Großteil von ihnen emigriert oder wird speziell eingeschleust, um für den Drogenhandel in individueller[126] oder organisierter Form tätig zu sein. Es finden sich jedoch auch Personen, die erst vor Ort von den besseren Einnahmemöglichkeiten im Drogenverkauf[127] erfahren, über eine erhöhte Risikobereitschaft verfügen und sich deshalb dem Drogenverkauf widmen. Die jeweils aufgenommene Tätigkeit durch den irregulären Einwanderer ist abhängig von der sich ihm bietenden Gelegenheitsstruktur. Maßgeblich beeinflussend wirken die von seinem sozialen Umfeld ausgeübten Tätigkeiten, das sich in der Regel aus Landsleuten zusammensetzt. Die Erstkontakte bei Ankunft bestehen oft nur aus ein bis zwei Personen, die aus dem gleichen Ort kommen oder zu denen ein Verwandtschaftsverhältnis besteht. Die Gelegenheitsstruktur wiederum bildet sich um die lokal vorherrschenden Rahmenbedingungen, von denen die Tätigkeitsfelder abhängen.[128] Entscheidend für den Ursprung des Bierhandels in Barcelona waren die erwähnten begünstigenden formellen Beschränkungen, die sich aus nationaler wie lokaler Gesetzeslage und Polizeipraxis zusammensetzen. Zusätzlich lassen sich folgende Determinanten für die Existenz des Marktes für Dosenbierverkauf differenzieren:

- mediterranes Klima ermöglicht ganzjährig den längeren Aufenthalt im Freien
- hohes Tourismusaufkommen sorgt für Laufkundschaft
- hohe Getränkepreise in den touristischen Gegenden sorgen für Unmut der einheimischen Jugendlichen gegenüber der Gastronomie
- Barcelona ist ein Sammelpunkt junger Menschen, die die Möglichkeit des Trinkens auf der Straße schätzen

Diese Determinanten ermöglichen den Pakistanern und Indern, ihren Lebensunterhalt und die Geldsendungen in die Heimat mit dem Verkauf von Dosenbier in der Straße zu erwirtschaften. Die Bierverkäufer bringen ihrerseits die eigenen Wertvorstellun-

---

126 Auf eigene Rechnung arbeitende Drogenverkäufer wurden sowohl in der Feldstudie wie auch in der Literatur (siehe Bucerius 2008) angetroffen.
127 Neue Strategien der Lateros im schrumpfenden Gesamtmarkt Bierverkauf: Kapitel 5.1.6.
128 In Deutschland sorgt das rigorose polizeiliche Vorgehen gegen Personen ohne Aufenthaltsgenehmigung dafür, dass sie sich im öffentlichen Raum nicht annähernd so frei bewegen können wie in Spanien.

gen und Traditionen aus ihrer Heimatregion Punjab mit nach Barcelona. Durch die Anpassung an die neuen Lebensumstände schaffen sie dort dann Tätigkeitsfelder, die merklichen Einfluss auf das tägliche Leben in der Stadt nehmen. Diese Tätigkeitsfelder befinden sich, gerade in Zeiten hoher Arbeitslosigkeit wie aktuell in Spanien, häufig im informellen Sektor oder gar in der Illegalität.

Ähnlich wie die formelle Wirtschaft weist also auch der informelle Sektor Muster auf, die einer Marktlogik folgen. Die vorangegangen Betrachtungen dienten der Aufdeckung dieser Mechanismen. In der öffentlichen Wahrnehmung gilt der informelle urbane Sektor entweder als chaotisch oder als mafiaartig organisiert. Tatsächlich sind es jedoch die Rahmenbedingungen und marktwirtschaftliche Gegebenheiten, welche die Ausprägungsformen der Informalität vorgeben. Formlose und formelle Bedingungen sowie die weiteren genannten Determinanten sind bestimmend für die einer ‚Mikromarktwirtschaft' gleichenden wirtschaftlichen Vorgänge in der Straße und die Ausprägungsformen des Unternehmertums aus Notwendigkeit.

6.2 Kritik des Umgangs mit dem informellen urbanen Sektor

Die spanische Einwanderungsregelung[129] mit der Möglichkeit auf Regularisierung nach drei Jahren illegalem Aufenthalt im Land ermutigt die nach wirtschaftlich besseren Lebensumständen strebenden Immigranten aus Indien und Pakistan zur irregulären Einreise. Die Einwandererzahlen aus diesen Ländern steigen trotz der düsteren Arbeitsmarktaussichten im Gegensatz zu den Zahlen der meisten anderen Nationalitäten weiter deutlich an. Die staatliche Reaktion auf den von einigen von ihnen durchgeführten Dosenbierverkauf besteht aus einem verstärkten Vorgehen gegen illegale Einreise sowie gegen den auf lokaler Ebene illegalen Dosenbierverkauf auf der Straße.

Die auferlegten formellen Beschränkungen können jedoch aufgrund der funktionierenden informellen Strukturen des Marktes, die sich über die geltenden Rechtsnormen hinwegsetzen, auch mit erhöhtem Einsatz von staatlicher Seite nicht durchgesetzt werden. Die Folge der zu kurz greifenden operativen Maßnahmen ist ein tägliches - und nächtliches - Katz- und Maussspiel[130] zwischen Ordnungshütern und Straßenverkäufern. Die Unternehmer aus Notwendigkeit werden, trotz oder gerade wegen ihrer doppelten Illegalität, stets weiter nach einer Möglichkeit suchen, sich ihr Überleben im Land zu sichern.

Die Gastronomie als Gegenspieler betreibt Lobbyarbeit in der lokalen Politik und macht ihre Umsatzeinbußen an der unfairen Konkurrenz durch die illegalen Bierverkäufer in der Straße fest. Das in der Straße gekaufte Bier ersetzt jedoch, wie

---

129 Befindet sich nach Medienberichten derzeit in Überarbeitung.
130 Beispiel: Während einer nächtlichen Beobachtung im Hafen fuhren zwei Dienstwagen der Mossos d'Esquadra davon, die zuvor dort geparkt hatten. Sofort nachdem die Wagen abfuhren standen die zuvor möglichst teilnahmslos auf der Mauer der Strandpromenade sitzenden Bierverkäufer auf und gingen wie gewohnt wieder ihrer Verkaufstätigkeit nach.

in der Umfrage gezeigt, nicht automatisch den Konsum in Gastronomiebetrieben, sondern wird zur 50 Prozent zusätzlich konsumiert. Zudem überschneiden sich die Zielgruppen von Lateros und Gaststättenbetreibern nur zum Teil. Vielmehr tragen nach Meinung des Autors die Auswirkungen der Krise sowie die Preispolitik der Bars und Diskotheken, die sich in der Innenstadt an den zahlungswilligeren Touristen und nicht an den Bewohnern ausrichten, einen gewichtigen Teil zum Umsatzrückgang bei.

Die polizeilichen Maßnahmen gegen Straßenverkäufer sind also trotz der Zunahme der Interventionen nicht von Erfolg gekrönt. Dies liegt zum einen an der unzureichenden Gesetzeslage auf nationaler wie lokaler Ebene, die den Beamten keine ausreichende Handhabe gegen Gesetzesbrecher auf den Weg gibt,[131] zum anderen an der ineffizienten Aufteilung der polizeilichen Funktionen auf drei administrativ getrennte Polizeikörper – Guardia Urbana, Mossos d'Esquaddra und Policía Nacional. Das Vorgehen der Polizeibeamten, die sich auf das Ausstellen von ohnehin nicht einzutreibenden Strafzetteln beschränken, kann nicht für die von staatlicher und gastronomischer Seite gewünschte Reduzierung des gehandelten Marktvolumens der Lateros sorgen.

Wenn der formelle Rahmen nicht an die Gegebenheiten angepasst sowie die Bedeutung formloser Beschränkungen für den Markt erkannt wird, wird es in absehbarer Zeit keine Lösung für das v.a. von Stadtverwaltung und Gastronomie als wirtschaftliches wie soziales Problem erkannte Phänomen der Bierverkäufer auf der Straße geben können. Hierfür müssten die Konsequenzen aus der irregulären Einwanderung in Spanien berücksichtigt werden, aus der sich ein Großteil der Bierverkäufer rekrutiert. In den Ursprungsländern durchzuführende Aufklärung über die schlechte Arbeitsmarktlage in Spanien und über die Lebensbedingungen für irreguläre Einwanderer könnte dort zu einer Reduzierung der Emigrationswilligen führen. Zudem würde eine Abschaffung des ‚Arraigo social' und die Einführung einer verbindlichen Quotenregelung, die sich am tatsächlichen Arbeitskräftebedarf Spaniens bzw. der autonomen Regionen ausrichtet, für transparentere Verhältnisse sorgen. Der Straßenhandel ist lediglich das Symptom des von öffentlicher Seite erkannten Problems. Die Ursachen für den Bierverkauf jedoch liegen in den mangelhaften formellen Beschränkungen durch den Staat.

Die Studie und die Analyse ihrer Daten legt einige Zusammenhänge des ambulanten Bierverkaufs in Barcelona offen. Die Anwendung ethnographischer Methoden und die anschließende Betrachtung des Phänomens aus soziologischer und wirtschaftswissenschaftlicher Perspektive haben explorativen Charakter. Feldforschungen über die Struktur der Zulieferer sowie eine ausgeweitete Betrachtung anhand der Neuen Institutionenökonomik würden für einen weiteren Erkenntnisgewinn sorgen. Aus Vergleichen mit anderen, nicht in ausreichendem Maße vorhandenen, Studien

---

131 So wird in Spanien ein gewaltlos durchgeführter Diebstahl im Wert von unter 400€ mit einem Bußgeld belegt. Für die Polizisten bedeutet der Vorgang eine aufwendige bürokratische Prozedur. Eine Gefängnisstrafe kann, Stand August 2012, auch bei wiederholtem Diebstahl nicht ausgesprochen werden.

über den informellen urbanen Sektor in westlichen Ländern könnte eine breit angelegte, empirisch fundierte Theoriebildung erfolgen.

Grund für die bisher fehlende Systematisierung des informellen urbanen Sektors in Industrieländern durch die Wirtschaftswissenschaften ist nach Auffassung des Autors ihre für mikroökonomische Untersuchungen auf diesem Gebiet unzureichende Methodik. Informelle Netzwerke, formlose Beschränkungen und verdeckte, verschränkte Themenkomplexe wie im Falle der Bierverkäufer von Barcelona könnten durch behutsames, ethnographisches Vorgehen, das die problematische Situation der Marktakteure berücksichtigt und interdisziplinär angelegt ist, entschlüsselt werden: "The disciplines that neighbor economics have made considerable progress in unpacking the dynamics of social phenomena, and a more efficient strategy would be to engage in interdisciplinary cooperation of the sort that trade theory commends to nations" (Granovetter 2005: 47).

Die vorliegende Arbeit kann als Plädoyer für eine solche Integration der Ethnographie in das Methodenarsenal der Wirtschaftswissenschaften verstanden werden. Eine Integration, die durch individuell auf Themen zugeschnittene Ansätze anstelle disziplinbezogener Beschränkungen die ideologischen Grenzen zwischen den Schwesterwissenschaften Soziologie und Wirtschaftswissenschaften überwinden helfen kann.

Literaturverzeichnis

Alarcón, Amado (2009).In: RIO No2, 2009. Online unter: <http://www.revistario.org/index.php/revista_rio/article/download/19/8>, 03.06.2012.

Alscher, Stefan, Münz Rainer & Özcan, Veysel (2001). Illegal anwesende und illegal beschäftigte Ausländerinnen und Ausländer in Berlin. Lebensverhältnisse, Problemlagen, Empfehlungen. In: Demographie aktuell, Nr. 17.

Alt, Jörg (2003). Leben in der Schattenwelt – Problemkomplex „illegale Migration". Karlsruhe: Loeper Literaturverlag.

Angenendt, Steffen & Kruse, Imke (2002). Irreguläre Wanderungen und internationale Politik. In: Blum, Matthias, Hölscher, Andreas & Kampling, Rainer (Hrsg.). Die Grenzgänger – Wie illegal kann ein Mensch sein? Opladen: Leske+Budrich, 11-24.

Artal Rodríguez, Carmen, Pascual de Sans, Àngels & Solana Solana, Miguel (2006). Trayectorias migratorias de la población extranjera en Cataluña: las poblaciones marroquí, ecuatoriana y paquistaní. Grup de Recerca sobre Migracions (GRM). Universitat Autònoma de Barcelona. Online unter: <http://geografia.uab.cat/migracions/cas/trayectorias.pdf>, 19.05.2012.

Aubia, Montserrat Solé & Roca, Josep Rodríguez (2005). Pakistaníes en España: un estudio basado en el colectivo de la ciudad de Barcelona. In: Revista CIDOB d'Afers Internacionals, 68, 97-118.

Bade, Klaus J. (2002). Die ‚Festung Europa' und die ‚illegale Migration'. Angenendt, Steffen & Kruse, Imke (2002). In: Blum, Matthias, Hölscher, Andreas & Kampling, Rainer (Hrsg.). Die Grenzgänger – Wie illegal kann ein Mensch sein? Opladen: Leske+Budrich, 25-36.

Balsells, Ferran (2012). Cataluña pierde población por primera vez desde la Guerra Civil por la crisis. In: El País, Cataluña, 07.02.2012.

Bauman, Zygmunt (2005). Verworfenes Leben. Die Ausgegrenzten der Moderne. Hamburg: Hamburger Edition, 2.Auflage.

Becker, Howard S. (1998). Tricks of the trade – How to think about your research while doing it. Chicago: The University of Chicago Press, 15. Auflage.

Beltrán Antolín, Joaquín & Sáiz López, Amelia (2008). La comunidad Pakistaní en España. In: Anuario Asia Pacífico 2008, 407-416.

Beltrán Antolín, Joaquín, Oso, Laura & Ribas, Natalia (2006). In: Beltrán Antolín, Joaquín, Oso, Laura & Ribas, Natalia (Hrsg.). Empresariado étnico en España. Madrid: Subdirección General de Información Administrativa y Publicaciones, 13-40.

Beltrán Antolín, Joaquín (2010). Comunidades asiáticas en España. Movilidad transnacional en un territorio de frontera. In: CIDOB d'Afers Internacionals, 92, 15-37.

Berliner Institut für kritische Forschung e.V. (2010). Illegalität. Online unter: <http://www.inkrit.org/hkwm/documents/Illegalitaet-HKWM06I.pdf>, 29.08.2012.

Bhowmik, Sharit K. (2010). Introduction. In: Bhowmik, Sharit K. (Hrsg). Street Vendors in the global urban economy. Abingdon: Routledge, 1-19.
Bourdieu, Pierre, Chamboredon, Jean-Claude, Passeron, Jean-Claude & Krais, Beate (Hrsg) (1991). Soziologie als Beruf : wissenschaftstheoretische Voraussetzungen soziologischer Erkenntnis. Berlin: de Gruyter.
Bucerius, Sandra (2008). Vor was soll ich denn Angst haben? – Der illegale Drogenhandel einer Gruppe von Migrantenjugendlichen in Frankfurt am Main. In: Werse, Bernd (Hrsg.). Drogenmärkte. Strukturen und Szenen des Kleinhandels. Frankfurt: Campus Verlag, 211-252.
Bundesministerium des Innern (2007). Illegal aufhältige Migranten in Deutschland. Datenlage, Rechtslage, Handlungsoptionen. Bericht des Bundesministeriums des Innern zum Prüfauftrag „Illegalität" aus der Koalitionsvereinbarung vom 11. November 2005, Kapitel VIII 1.2. Online unter: <http://www.fluechtlingsinfo-berlin.de/fr/pdf/BMI_Pruefauftrag_Illegale.pdf>, 19.05.2012.
Butscher, Susanne (1996). Informelle Überlebensökonomie in Berlin: Annäherung der deutschen Hauptstadt an Wirtschaftsformen der Dritten Welt. In: Freie Universität Berlin (Hrsg). FB.-Wirtschaftswissenschaft Diskussionspapiere, 39-56, 1995-1997. Berlin: Das Arabische Buch.
Castells, Manuel (2000). End of Millennium. The Information Age: Economy, Society and Culture. Volume III. Oxford: Blackwell Publishers, 2. Auflage.
Castells, Manuel & Portes, Alejandro (1989). World Underneath: The Origins, Dynamics, and Effects of the Informal Economy. In: Portes, Alejandro (Hrsg.). The Informal Economy: Studies in advanced and less developed countries. Baltimore: John Hopkins Univeristy Press.
Cervezeros de España (2012). 2011 Informe socioeconómico del sector de la cerveza en España.
Clandestino Forschungsprojekt (2009). Ethics Policy Brief. <http://clandestino.eliamep.gr/wp-content/uploads/2009/11/ethics_-policy-brief.pdf>, 19.05.2012.
Clandestino Forschungsprojekt (2009). Irreguläre Migration in Deutschland. August 2009. Kurzdossier – Deutschland. Online unter: <http://irregular-migration.net//typo3_upload/groups/31/4.Background_Information/4.3.Policy_Briefs_NATIONAL/Germany_PolicyBrief_Clandestino_Nov09_2_de.pdf>, 17.05.2012.
Clandestino Forschungsprojekt (2009). Comparative Policy Brief – Size of Irregular Migration. Online unter: <http://irregular-migration.net//typo3_upload/groups/31/4.Background_Information/4.2.Policy_Briefs_EN/ComparativePolicyBrief_SizeOfIrregularMigration_Clandestino_Nov09_2.pdf>, 19.05.2012.
Cohen, Steven Philip (2004). The idea of Pakistan. Washington DC: The Brookings Institution.
Cross, John C. & Morales, Alfonso (2007). Introduction: Locating street markets in the modern / postmodern world. In: Cross, John & Morales, Alfonso. Street Entrepreneurs. People, place and politics in local and global perspective. Abingdon: Routledge, 1-14.
Current tv (2008). Pakistanis in Spain. Online unter. <http://current.com/groups/on-current-tv/88847344_pakistanis-in-spain.htm>, 04.11.2011.

De Soto, Hernan (2005). The Power of the Poor. Interview. Online unter: <http://ild.org.pe/index.php?option=com_content&view=article&id=126&Itemid=174&lang=en>, 03.11.2011.

Departament d'Estadística de l'Ajuntament de Barcelona (2011). La població estrangera a Barcelona Gener 2011. Online unter: <http://www.bcn.cat/estadistica/catala/dades/inf/pobest/pobest11/pobest11.pdf>, 17.05.2012.

Diekmann, Andreas (2008). Empirische Sozialforschung: Grundlagen, Methoden, Anwendungen. Reinbeck bei Hamburg: Rowohlt Verlag.

DiePresse.com: Polen bietet illegalen Einwanderern Aufenthaltsrecht an (2011). Online unter: <http://diepresse.com/home/politik/aussenpolitik/688570/>, 19.05.2012

Duneier, Mitchell (1999). Sidewalk. New York: Farrar, Strauss and Giroux.

Duster, David (2011). 'Voy a trabajar para que no vengan más inmigrantes' Entrevista a Xavier Bosch, Director General de Inmigración de la Generalitat de Catalunya. In: Publico.es, 13.03.2011. Online unter: <http://www.publico.es/espana/365757/voy-a-trabajar-para-que-no-vengan-mas-inmigrantes>, 19.05.2012.

Düvell, Franck, Triandafyllidou, Anna & Vollmer, Bastian (2008). Ethical issues in irregular migration research. Clandestino project. Online unter: <http://clandestino.eliamep.gr/wp-content/uploads/2009/11/clandestino_ethical-issues-in-irregular-migration-research_final.pdf>, 19.05.2012.

Emerson, Robert M., Fretz, Rachel I. & Shaw, Linda L. (1995). Writing Ethnographic Fieldnotes. Chicago: University of Chicago Press.

Erlei, Mathias, Leschke, Martin & Sauerland, Dirk (2007). Neue Institutionenökonomik. Stuttgart: Schäffer-Poeschel Verlag, 2. Auflage.

Europa Press (2012). La Guardia Urbana decomisa 31.200 latas en las dos primeras noches de La Mercè. Online unter: <http://www.europapress.es/catalunya/noticia-guardia-urbana-decomisa-31200-latas-dos-primeras-noches-merce-20110924174008.html>, 18.09.2012.

Finotelli, Claudia (2008). Regularisierung illegaler Migranten in Spanien und Italien: Planlose Steuerung oder effektive ex post Regulierung?. In: Hunger, Uwe, Ette, Andreas, Aybek, Can, & Michalowski, Ines (Hrsg.). Zukunft in Europa. Neue Kontexte von Migrationspolitik und Integrationsprozessen. Wiesbaden: VS-Verlag, 75-100.

Fisch, Andreas (2007). Flüchtlingsschutz & Menschenrechte. Rechte von Menschen ohne Papiere und die Widerspruchsfreiheit der Rechtsordnung. Online unter: <http://www.migration-boell.de/web/migration/46_1607.asp>, 19.05.2012.

Flick, Uwe (2008). Triangulation – Eine Einführung. Wiesbaden: VS Verlag für Sozialwissenschaften, 2.Auflage.

Flick, Uwe (1995). Stationen des qualitativen Forschungsprozesses. In: Flick, Uwe, von Kardorff, Ernst, Keupp, Heiner, von Rosenstiel, Lutz & Wolff, Stephan. Handbuch qualitative Sozialforschung: Grundlagen, Konzepte, Methoden und Anwendungen. München: Psychologie-Ver.-Union, 2.Auflage, 148-173.

Friedrich-Ebert-Stiftung (2000). Zum Begriff der illegalen Migration: Was bedeutet illegal?. Online unter: <http://library.fes.de/fulltext/asfo/00763003.htm>, 16.05.2012.

Glaser, Barney G. & Strauss. Anselm (1998). Grounded Theory. Strategien qualitativer Forschung. Bern: Huber.

Goffman, Erving (1988). Stigma – Über Techniken der Bewältigung beschädigter Identität. Frankfurt am Main: Suhrkamp Taschenbuch Verlag, 8.Auflage.
Goffman, Erving (1959). The Presentation of Self in Everyday Life. New York: Doubleday.
Golpe a los 'lateros' y al botellón en Ciutat Vella con 23 detenidos (2009). In: 20 minutos Barcelona, 18.12.2009.
Gómez Martín, Carmen (2012). Transnacionalismo y redes económicas migrantes. El caso del kebab kurdo. In: Aboussi, Mourad (Hrsg.). El codesarrollo a debate. Albolote: Editorial Comares, 113-124.
González-Enríquez, Carmen (2009). Country report Spain. Report for the European Research Project Clandestino. Online unter: <http://irregular-migration.hwwi.net/Country_reports.6114.0.html>, 17.05.2012.
Granovetter, Mark (2005). The Impact of Social Structure on Economic Outcomes. In: Journal of Economic Perspectives, Volume 19, Nr. 1, 33-50.
Gremi d'Hostaleria i Turisme del Vallès Occidental i Barcelonès (2009). Locales de ocio nocturno quieren reducir a la mitad la venta ambulante de alcohol en verano. Online unter: <http://www.hostaleria.net/vernoticia.aspx?lengua=&var=601>, 07.08.2012.
Ha, Noa K. (2009). Informeller Straßenhandel in Berlin. Urbane Raumproduktion zwischen Störung und Attraktion. Berlin: wvb.
Hermanns, Harry (2008). Interviewen als Tätigkeit. In: Flick, Uwe, von Kardorff, Ernst & Steinke, Ines (Hrsg). Qualitative Forschung – Ein Handbuch. Reinbek bei Hamburg. Rowohlt-Taschenbuch, 360-368.
Hitzler, Ronald (2003). Ethnographie. In: Bohnsack, Ralph, Marotzki, Winfried & Meuser, Michael (Hrsg.). Hauptbegriffe qualitative Sozialforschung. Ein Wörterbuch. Opladen: Lesk+Budrich.
Hitzler, Ronald (2000). Welten erkunden. Soziologie als (eine Art) Ethnologie der eigenen Gesellschaft. In: Beck, Ulrich; Kieserling, André. Ortsbestimmungen der Soziologie. Wie die kommende Generation Gesellschaftswissenschaften betreiben will. Baden-Baden: Nomos Verlagsgesellschaft, 144-150.
ILO (2004). Guidelines concerning a statistical definition of informal employment. Online unter: <http://www.ilo.org/public/english/bureau/stat/download/guidelines/defempl.pdf>, 03.06.2012.
Indien lässt Millionen Tonnen Getreide verrotten (2012). mbe/AP. In: Spiegel Online, 11.05.2012. Online unter: http://www.spiegel.de/wissenschaft/mensch/indien-laesst-millionen-tonnen-getreide-verrotten-a-832714.html>, 19.05.2012.
Institut für angewandte Wirtschaftsforschung e.V. (2011). Schattenwirtschaft: im Aufschwung weiter rückläufig Online unter:
<http://www.econ.jku.at/members/Schneider/files/publications/2011/PM_Schattenwirtschaftsprognose_240111.pdf>, 19.05.2012.
Instituto Nacional de Estadística (2012). Avance del Padrón municipal a 1 de enero de 2011. Datos provisionales. Online unter: <http://www.ine.es/prensa/np710.pdf>, 19.05.2012.
Kettles, Gregg W. (2007). Legal responses to sidewalk vending: the case of Los Angeles, California.. In: Cross, John & Morales, Alfonso. Street Entrepreneurs. People, place and politics in local and global perspective. Abingdon: Routledge, 58-78.

Khalatbari, Babak (2011). Pakistan vor dem Rubikon? Länderbericht. Konrad-Adenauer-Stiftung e.V. Online unter: <www.kas.de/pakistan>, 19.05.2012.

Knoblauch, Hubert (2001). Fokussierte Ethnographie. In: sozialersinn, Heft 1/2001, 123-141.

Komlosy, Andrea, Parnreiter, Christof, Stacher, Irene & Zimmermann, Susan (1997). Der informelle Sektor: Konzepte, Widersprüche und Debatten. In: Komlosy, Andrea, Parnreiter,Christof, Stacher, Irene & Zimmermann, Susan (Hrsg.). Ungeregelt und unterbezahlt. Der informelle Sektor in der Weltwirtschaft. Frankfurt a.M.: Brandes & Apsel Verlag, 9-28.

Kraas, Frauke (2005). Schattenwirtschaft in Megastädten. Interview über Bedeutung und Ausmaß informeller Aktivitäten. Online unter: <http://g-o.de/geounion-aws_basics-3901.html>, 02.07.2012.

Kreienbrink, Axel (2008). Länderprofil Spanien. Bpb. Online unter: <http://www.bpb.de/gesellschaft/migration/dossier-migration/57887/spanien>, 19.05.2012

La Urbana de Barcelona da su mayor golpe a la venta ambulante no autorizada de latas de cerveza (2012). Online unter:
<http://www.20minutos.es/noticia/1518374/0/barcelona/lateros/venta-ambulante/>, 22.08.2012.

LosApanaos1 (2009). Pakito el Latero. Online unter:
<http://www.youtube.com/watch?v=qnjf-t6uObg>, 16.05.2012.

Marcus, George E . (1995). Ethnography in/of the World System: The Emergence of Multi-Sited Ethnography. In: Annual Review of Anthropology, Vol.24, 95-117.

Merton, Robert K. (1986). On Social Structure and Science. London: The University of Chicago Press.

Molina, José Luis & Díaz, Aurelio (2006). Vender en la calle. In: Beltrán Antolín, Joaquín, Oso, Laura & Ribas, Natalia (Hrsg.). Empresariado étnico en España. Madrid: Subdirección General de Información Administrativa y Publicaciones, 181-193.

Moreras Palenzuela, Jordi (2004). Ravalistán? Islam y configuración comunitaria entre los paquistaníes en Barcelona. In: Revista CIDOB d'Afers Internacionals, 68, 119-132.

North, Douglass C (1992). Institutionen, institutioneller Wandel und Wirtschaftsleistung. Tübingen: J.C.B. Mohr (Paul Siebeck).

Ordenança De Mesures Per Fomentar I Garantir La Convivència Ciutadana A L'Espai Públic De Barcelona. Online unter:
<http://w3.bcn.es/fitxers/home/noticies/ordenansacivisme.639.pdf>, 20.05.2012.

Parella, Sònia & Cavalcanti, Leonardo (2008). De asalariados a autoempleados. In: Pajares, Miguel. Inmigración y mercado de trabajo. Informe 2008. Madrid: Subdirección General de Información Administrativa y Publicaciones, 113-142.

Pfadenhauer, Michaela (2011). Methoden I: Methoden interpretativer Sozialforschung WS 2011/12. Lehrstuhl für Soziologie – unter besonderer Berücksichtigung des Kompetenzerwerbs. KIT.

Porter, Michael E. (1999). Was ist Strategie?. In: Porter, Michael E.. Wettbewerb und Strategie. Berlin: Econ, 45-81.

Porter, Michael E. (1999). Wie die Wettbewerbskräfte die Strategie prägen. In: Porter, Michael E.. Wettbewerb und Strategie. Berlin: Econ, 27-44.

Projektseminar Tourismus von Prof. Dr. Bernhard Giesen (2007). Ethnographie des Burgentourismus in Süddeutschland. Forschungsbericht der Teilgruppe Ethnographie. Universität Konstanz.

Ratha, Dilip, Mohapatra, Sanket & Silwal, Ani (2011). World. In: The Migration and Remittances Factbook 2011. Online unter: http://siteresources.worldbank.org/INTPROSPECTS/Resources/334934-11998079 08806/World.pdf>, 19.05.2012

Riol Carvajal, Eduardo (2003). La vivienda de los inmigrantes en Barcelona: El caso del colectivo pakistaní. In: Scripta Nova. Revista Electrónica de Geografía y Ciencias Sociales. Vol. VII, No. 146(059). Online unter: <http://www.ub.edu/geocrit/sn/sn-146 Prozent28059 Prozent29.htm>, 17.05.2012.

Santos, Sandra (2008). Los cuerpos sikhs: Un caso de corporalización y ostentación de la identidad religiosa. Online unter: <http://www.antropologia.cat/files/Sandra_Santos.pdf>, 17.05.2012.

Sassen, Saskia (1997). Informalisierung in den Global Cities der hochentwickelten Marktwirtschaften: hausgemacht oder importiert?. In: Komlosy, Andrea, Parnreiter,Christof, Stacher, Irene & Zimmermann, Susan (Hrsg.). Ungeregelt und unterbezahlt. Der informelle Sektor in der Weltwirtschaft. Frankfurt a.M.: Brandes & Apsel Verlag, 235-248.

Schneider, Friedrich (2000). Illegal Activities, But Still Value Added Ones (?): Size, Causes and Measurement of the Shadow Economies All over the World. CESifo Working Paper, No. 305.

Scholz, Gerold (2005). Teilnehmende Beobachtung: eine Methodologie oder eine Methode. In: Mey, Günther (Hrsg.). Handbuch Qualitative Entwicklungspsychologie. Köln: Kölner Studienverlag, S. 381-412.

Se extienden los 'lateros' que ofrecen hachís y cocaína en el centro de Barcelona (2009). Online unter: <http://www.20minutos.es/noticia/477970/8/lateros/hachis/cocaina/>, 10.08.2012.

Solé, Carlota, Parella, Sònia & Cavalcanti, Leonardo (2007). El empresario inmigrante en España. Barcelona: Fundación "la Caixa".

Sow, Papa (2004). Prácticas comerciales transnacionales y espacios de acción de los Senegaleses en España. In: Escrivá, Angeles & Ribas, Natalia (Hrsg.). Migración y desarrollo. Estudios sobre remesas y otras practicas transnacionales. Córdoba: CSIS, 235-254.

Suárez Ventura, Vanessa: Segundo Ensayo - Punjab tan lejos…Tan cerca!!!. Unveröffentlichte Masterarbeit.

Sutterlüty, Ferdiand & Imbusch, Peter (Hrsg) (2008). Abenteuer Feldforschung. Frankfurt/Main: Campus Verlag.

Teichert, Volker (2000). Die informelle Ökonomie als notwendiger Bestandteil der formellen Erwerbswirtschaft. Wissenschaftszentrum Berlin für Sozialforschung, Querschnittsgruppe Arbeit und Ökologie. Online unter: <http://skylla.wz-berlin.de/pdf/2000/p00-524.pdf>, 25.06.2012.

Tolsanas Pagès, Mònica (2007). Las calles de Barcelona, las casas de Pakistán. In:

Truschkat, Inga, Kaiser, Manuela & Reinartz, Vera (2005): Forschen nach Rezept? Anregungen zum praktischen Umgang mit der Grounded Theory in Qualifikationsarbeiten. In: Forum Qualitative Sozialforschung, Vol. 6, No. 2, Art. 22.

Tsianos, Vassilis & Karakayali, Serhat (2010). Transnational Migration and the Emergence of the European Boder Regime. An Ethnographic Analysis. In: European Journal of Social Theory, 13(3), 373-387.

Valenzuela García, Hugo (2010). Pecunia Ex Machina. El emprendedor pakistaní en la ciudad de Barcelona. Revista CIDOB d'Afers Internacionals, 92, 185-206.

Venkatesh, Sudhir (2008). Gang Leader for a Day. London: Penguin Books.

Wagner, Mathias (2011). Die Schmugglergesellschaft. Informelle Ökonomien an der Ostgrenze der Europäischen Union. Eine Ethnographie. Bielefeld: transcript Verlag.

Whyte, William F. (1996). Die Street Corner Society. Berlin: De Gruyter.

Zapf, Yannick (2012). Los lateros en Barcelona: estrategias de inserción informal en la economía urbana. In: Aboussi, Mourad (Hrsg). El codesarrollo a debate. Albolote: Editorial Comares, 137-148.

Zapf, Yannick (2011). Pretest Werderplatz. Unveröffentlichte Studie

MIX
Papier aus verantwortungsvollen Quellen
Paper from responsible sources
FSC® C105338

If you have any concerns about our products,
you can contact us on
ProductSafety@springernature.com

In case Publisher is established outside the EU,
the EU authorized representative is:
**Springer Nature Customer Service Center GmbH
Europaplatz 3, 69115 Heidelberg, Germany**

Printed by Libri Plureos GmbH
in Hamburg, Germany